JN085029

金持ち社長のお金の残し方・増やし方

NBCグループ 代表／税理士
野呂泰史 Noro Yasushi

はじめに

私が代表を務めているＮＢＣグループでは、社長向け勉強会を年間約３００回、北は北海道から南は沖縄まで全国様々な場所で開催しており、毎年３５００名以上もの社長とのご縁をいただいています。

その中には、安定的に利益を出し、資金が潤沢な「成功する社長」がいらっしゃる一方で、万年赤字で資金繰りが厳しく、遂には会社を倒産させてしまう「失敗する社長」もいらっしゃいます。

そしてなぜか真面目で一生懸命、仕事に人生を捧げている社長ほど、その努力が報われない場面を数多く見てきました。

この成功する金持ち社長と失敗する貧乏社長との違いは何か。

私はその「法則」に気づきました。それは人間的な魅力の差でもなければ、ビジネスの経験の差でもありません。決定的な違いは、**「資金」に対する考え方や「資金の増やし方」を知っているかどうかです。**

会社にとって資金とは、人間で例えれば血液。足りなくなれば死んで（倒産して）しまいます。そんな社長の命の次に大切なものにもかかわらず、多くの社長には資金の知識が圧倒的に不足しており、失敗の法則を基に会社を経営してしまっています。

「数字は苦手だから」「細かいことは経理に任せている」と言って売上に走り、何か問題があるとクレーム対応に追われる……。目の前の業務に奔走している社長は実に多いのです。

ですから会社を倒産させず資金を増やす経営をするには、そのための「ルール」を学ぶ必要があります。ゴルフを始める前にゴルフのルールを学ぶことと同じです。我流ではうまくいきません。「売上さえ上げれば、利益さえ上げれば、資金は回る」というような甘い見通しでは資金は増えないのです。

逆に創業間もない社長や資産に乏しい社長でも、**「資金の増やし方」**を学べば、**資金に困らない、絶対に倒産しない会社をつくることができます**。

我々ＮＢＣグループでは、創業から34年目を迎えた２０１９年4月に「**縁のあったお客様は絶対に倒産させない**」という経営理念の実現を一層推進していくため、「ＮＢＣ資金を増やすコンサルティング株式会社」を設立しました。

この書籍では、様々な業種のお客様を支援させていただいてきた豊富な経験や、資金を増やす手法・事例を惜しみなく紹介しています。手に取られた多くの社長に、少しでも寄与することができれば幸いです。

2020年1月

金持ち社長のお金の残し方・増やし方

～売上を下げて、資金を増やす経営～

もくじ

第1章 「売上がなければ、資金も利益も確保できない」は本当か？

第2章 金持ち社長は資金を重視し、貧乏社長は売上を重視する

第3章

金持ち社長に求められる資質

第4章 倒産しない企業体質をつくる資金改善術

第5章　【事例】半年間で資金を2億円増やしたドラッグストア

第6章　【事例】1年間で資金を1億円増やしたガス会社

カバーデザイン▼EBranch 冨澤 崇
図版作成▼原 一孝
本文レイアウト▼Bird's Eye

第1章

「売上がなければ、資金も利益も確保できない」は本当か?

社長の考えと取り巻く環境

▼売上至上主義がもたらすもの

私が「資金」の研究を進めるなかで痛感することは、日本の社長は本当に売上が大好きだということです。

確かに、売上1億円より10億円、100億円のほうが格好が良いように思えます。事業が拡大すれば、社員も増えるし、社屋も大きくなり、お客様や取引先も増えます。社員も、「私は成長企業に勤めている」「売上100億円企業に勤めている」と誇りに感じますし、家族や友人も認めてくれるでしょう。住宅などの個人ローンの審査では、勤務先の売上規模を聞かれますから、個人の信用力もプラスになるはずです。

社長が成功を夢見て売上拡大の経営に挑戦をすることは、ごく普通のことなのです。当然、会社の会議も「売上」を重視して目標や進捗が共有されます。

たとえば、あなたがスーパーマーケットの営業部長だったとします。売上目標が達成されていれば、問題はないだろうと思いますが、月の中旬で売上目標の進捗が3割程度だっ

たらどうでしょう。

下旬に向けて売上を上げるために何かしらの対策を練ることになると思います。月の中旬で3割の進捗であれば、休日・祝日が多いなどお客様が必然的に集まってくるような外的要因がなければ、残り7割を半月で埋められるとは到底思えません。

小売店であれば、セールやキャンペーンの広告を打って集客をしたり、購入点数を増やすために、セット割引（3点で1000円！）を企画するなど工夫をすると思います。

勘のいい方は気づかれるかもしれませんが、「資金」の観点から考えると、そこには大きな落とし穴があります。

私は、そのような会社は「倒産予備軍」

であると断言します。会社の規模が大きくなればなるほど、資金は増えません。

　ある著名な社長の言葉に「売上は社長の心を癒（いや）す」というものがあります。しかし、どうでしょうか。業績が右肩上がりのときはとても気分が良いものですが、会社経営において常に順調ということなどあるでしょうか……。そんなはずはありません。売上が下がることもあるでしょう。

　そしてさらに悪化が続き、赤字経営にでもなれば、銀行融資をストップされてはまずいため、粉飾して黒字決算を組む……。

　残念ながら、そういったことに手を出さざるを得ないでしょう。

　売上至上主義の問題の根本は「資金繰り」です。売上を下げて経営をすればいいでしょうが、売上を下げるという考えが頭にない社長は売上拡大へと再挑戦します。売上を上げ

れば、業績も回復し、資金も増えると信じきっているからです。

しかし、残念なことに、売上が右肩上がりの実質成長期には、潜在する経営の本質ともいうべき問題はなかなか表面化しないものです。売上が上がれば、仕事そのものが多くなり、社員も社長も業務過多になり、問題があっても向き合う時間的・精神的な余裕が奪われるからです。売上を上げることとは、例外なくこのような流れなのです。

具体的に、売上を上げることと「資金繰り」の問題について述べていきます。まず、売上を上げることは「在庫・投資・経費増・運転資金」が必要なため、自己資金を減らすことに繋がります。

たとえば、小売店の場合、売上拡大を図るために商品展開を増やすので在庫は増える、広告を出すので投資は増える、増員が必要になるので経費は増える、売上回収の金額も増える一方で仕入れの支払いも増える、という構図です。しかし、売上を確保しなければ、資金・利益も確保はできません。

実際に、日本で数多く起きている事象ですが、売上を増やすことが赤字・倒産の引き金になっています。

ところが、それに気づいている社長は驚くほどわずかです。売上を増やすために、在庫を増やし、投資を行い、人員を増やす……。しかし予想ほど売上が確保できなくなると、

とたんに資金繰りが苦しくなります。

さらに悲惨なことが待っています。売上は例外なく同業者との競争です。多くを売りたければ価格競争に首を突っ込むことになり、売上は上がりますが利益率は下がります。

しかし、売上至上主義で売上を上げることがすべてだと思い込んでいる社長は、売上が上がると、さらに売上を上げたがります。

驚く事実ですが、売上が上がっても資金が増えないと気づいても、さらに投資を繰り返して売上に走り、資金対策がおざなりになります。そして、私の指摘で初めて事の重大さに気づく。このような事例があまりにも多いのです。

日本の社長は、売上を増やすことがすべてという考え方を捨てない限り、同じことを繰り返すことになるでしょう。

▼資金の増やし方を知らない

多くの社長は利益率を上げることで「資金」が増えることに気づいていません。売上至上主義のなかで、社会人として成長されてきていますから、売上が上がれば当然資金も増えると思っているのです。

私は、売上は「資金を増やすためにある」と考えるべきだと思っています。

では、利益率を上げるにはどうすれば良いのでしょうか。同業他社との価格競争に巻き込まれず、高い付加価値のサービスを提供する経営、つまり売り方を変えるということです。そして、適正な利益率を維持する会社を実現することが「資金を増やす経営」をすることになるのです。

次のような対策も利益率の向上に寄与します。

◎在庫管理を徹底し、外注費を見直す（内製化できるものを探す、価格の適正値を疑う）

◎販売単価を見直す（売価表の見直し）・値上げ交渉をし、利益率の低い仕事は引き受けない

◎実行予算の予定利益が下がるような追加工事、仕様変更に対しては別途料金をいただく

◎安易に無料サービスをしない
◎無駄な残業代を発生させない（人員の多能工化、人財を育成し生産性を向上）
◎売上を下げて、作業量を少なくし、残業は廃止する

資金が増えていないなら、資金が増える経営を実現するために、今とは真逆の経営を行なわなければなりません。

経営とは、「売上を追い求めるのではなく、資金を増やすこと」「売上を増やすことは、自己資金を減らすことに繋がる」という基本は、誰も教えてくれません。そのため、「売上が上がれば当然資金も増える」と誤解をしているのです。

世の中には、資金の増やし方がわからないために何をしても失敗する社長がいます。小売業で失敗し、今度は飲食業をしても失敗、本業では儲からないと新規事業に手を出し失敗、何年経営をしても資金不足で借入金は減るどころか増える一方……。このような社長が多くいらっしゃいます。

資金が不足する原因が、売上ではないと気づくことができれば良いのですが、資金不足の社長が「資金が不足するのは売上が足りないからだ」との考えから抜け出すことは容易ではありません。

そして残念なことに、ほとんどの社長は、売上を追い求めて資金が回っている間は気づ

かず、倒産して初めて「自分は経営者に向かない」と気づくのです……。

これも共通していることですが、資金がない社長は、資金を残し、増やすための勉強をしていません。何が間違いであるか疑問さえ持たないのです。勉強しているのは危機感がある社長や再起した社長です。

厳しいことを申し上げますが、勉強しない・学ばない社長が多いため、資金改善術を学んだ社長、会社の強さが際立つのです。

▼日本の社長は本当に売上が好き

日本の社長は、世界一売上を追い求めることが好きなのではないかと感じることがあります。会社の経営状態が良くても、悪くても「攻撃が最大の防御である」と考えて売上を上げることに全力投球。売上を上げて得た利益によって資金が増えるとは限らないことを知らないのです。

近年、資金不足に陥った会社による悪事が多発しています。社会的に大きいニュースとなる大企業の倒産劇は、分析をするとほとんどが売上拡大に走っており、その背後には必ず資金不足という問題が発生しています。

会社の目的とは会社を倒産させないことである。
社長の責任とは会社を潰さないことである。

これが経営の原理原則です。こんな当たり前のことさえわからない社長が多すぎます。売上を追い求めると危険だと知るのは、債務（借入金・支払手形・仕入先への支払い）が増えて資金繰りが苦しくなってから……。こんな会社に勤務する社員は気の毒ではないでしょうか。いくら頑張っても資金が残らない、増えない、足りない……。自分の将来が会社と共倒れになってしまうのです。

資金さえあれば、資金さえ増えれば、会社は存続でき、後継者に引き継ぐこともでき、売却することもできます。たくさんの選択肢があるのです。

倒産する会社の社長は、倒産する1年前に倒産を考えたことがなかったと言います。そんな社長を多く見てきて感じるのは、総じて、そういった社長は数字に弱く、経理に任せておけばいい、税理士に任せておけばいいと考えていることです。

つまり、社長自身が資金を増やすために何をすれば良いのか知らないのです。そのような社長の会社に未来はありません。

▼経理も税理士さえも知らない！

社長である皆様にお伺いしたいことがあります。

あなたの会社の経理担当者は、自社の課題や問題がわかっていますか。

ＮＢＣグループは年間で５００社以上の企業の決算書をお預かりし、分析や報告、改善などに取り組んでいます。そのなかで経理担当の方の重要性を非常に感じています。

経理の業務には「出納管理」「給与計算」「業績資料作成」などがありますが、社長ではないため、大半の方が現状の日次・月次業務に終始し、本質的な問題に着手することはできません。

「経理に何がわかる」と営業側から返されると、何も言えないのが経理だったりします。資金を増やすという観点では経理の役割は非常に重要なのですが、現状の日本の会社ではなかなかそこまで及んでいないという現実があります。

同様に次のことも、社長であるあなたに伺いたいことです。

あなたの顧問税理士は、経営の参謀として、社長に助言をしてくれる存在でしょうか。

私自身、税理士としてこの業界に携わるなかで大変残念に思い、怒りすら感じることは、会社の数字を最も客観的に見られる存在でありながら、経営の参謀という役割を果たさない税理士がいかに多いかということです。逆に、社長が会計事務所を上手に活用するテクニックを身に付けることも必要なのです。

先日このようなことがありました。

ある社長に「会計事務所に不満があるなら、なぜ他の会計事務所に変えないのですか?」と質問すると、

「親切だから」

「昔、お世話になっていたから」

という驚きの答えが返ってきました。

その上、月次試算表の完成が遅いから、利益がいくら出たか、資金は増えたのか減ったのかさえもわからないと言うのです。

試算表が翌月20日に完成・到着して、残り10日でどのように対策を打つのでしょうか。

現状、日本で「試算表」をうまく活用している会社は、私の立場から申し上げると本当に少ないです。決算書も同様です。

この現象は、資金の増やし方を知らない会計事務所と、数字に弱い中小企業の社長の馴れ合いの結果ではないでしょうか。ＮＢＣグループが「中小企業のために役に立てるのは、

税理士だ」と志して創業した数十年前と、現状はなんら変わっていません。

社長の姿勢も問題です。資金は24時間365日動き続けており、つねに動きを把握しなければならないにもかかわらず、窮地に陥って初めて事の重大さに気づき、後悔するのです。

長年の経験で気づいたことは、

◎企業の倒産は「赤字ではなく、資金がないこと」がすべて

◎倒産は会社を崩壊させるだけでなく、社長とその家族まで崩壊させること（皮肉なことに、資金がなくて自殺する社長はいますが、家庭が崩壊しただけでは社長は自殺しません）

です。

そう思ううちに、縁のあった会社の「資金」を改善することこそ、税理士・経営コンサルタントが提供できる最高の支援・サービスではないかと考えるようになりました。

社員を教育しても、資金が増えるとは限りません。

営業を強化しても、資金が増えるとは限りません。

もちろん、投資をしたとしても、資金が増えるとは限らないのです。

いろいろと思考を膨らませたのち、「経営は資金が増えればすべて良し、資金が増えなければすべてだめ」という結論に至りました。

日本の中小企業をダメにする悪人たち

▼三悪人とは

どれだけ頑張っても、法人税や消費税などの多額の税金、高い借入金の利息、万が一に備えた手厚い保険料で資金が消えてしまう……。いざ支払うタイミングになって、そんな悔しい思いをする社長が大勢いるはずです。

なぜ真面目な社長が苦しまなければならないのか……。私は、資金改善術の研究を進める過程で、日本には中小企業が資金を増やしにくい構造が存在することに気づきました。そしてそこには、社長の知識不足につけ入り、まるで食い物にするかのように資金を奪っていく**「三悪人」**がいることが判明したのです。

その「三悪人」とは、**「税務署」「銀行」「保険会社」**です。しかもこれら「三悪人」には、密接な関係があります。

誤解がないように申し上げますが、これから登場する「三悪人」は、存在することが問題なのではなく、社長が悪人たちに言われるがままに、あたかも操られているかのように行動していること、つまり「社長の無知」こそが最大の問題なのです。

▼税務署の問題

まず一人目の悪人は「税務署」です。

税務署へ納める税金には、1年間で最終的にどれだけ儲けたかという計算上の利益（所得）に対して課されるものがあります。つまり、収益（益金）から費用（損金）を差し引いて利益を計算する**「損益法」**によって課税されるため、**納税額が資金の増減では決まらない**構造なのです。

普通に考えれば「利益が増えたら資金も増える」と思うでしょうが、利益と資金の動きは一致していません。利益が増えても資金が必ずしも増えない場合や、逆に減少してしまう場合があるのです。

在庫と利益について考えてみましょう。

利益率を高め、利益を増やす方法に、まとめ買いによって1商品当たりの原価を下げる方法があります。一方でまとめ買いは総仕入額が膨らむため、資金をより多く減らします。

また、損益法の計算では、在庫が増えれば利益が増え、利益が増えれば税金も増えるため、ますます資金が減ります。そして、利益が増えても資金はむしろ減り、納税資金が不足することになるのです。

もちろん資金が無いからといって税金を値引きするわけにもいかないので、泣く泣く借入を起こして納税している社長は、特段珍しくはありません。本来、納めるべき税額の計算は、損益法で計算した利益ではなく、増えた資金の額を基準とすべきなのですが、日本の税制はそのようにはできていないため、このような「悲劇」が起きます。

▼税務署への対策

では税務署への対策はどうすれば良いのでしょうか。それは社長が「**財産法**」を学び、資金の動きを理解することです。

財産法とは、**会社の「資産」と「負債」の残高の差から利益を計算する方法**です。ここでいう資産とは、受取手形・売掛金・在庫・土地建物や保険積立金、負債とは支払手形・買掛金・未払金などです。

たとえば、節税と資金増加のための提言として、中古物件（資産）の取得があります。中古物件は安く取得できることに加え、減価償却費（費用）が大きいため納税額が減り、資金が増えます。二重の旨味のある経営ができるわけです。

▼銀行の問題

二人目の悪人は「銀行」です。

皆様もお付き合いのある○○銀行の名前の前後をよく見てください。「株式会社」とついているはずです。株式会社、つまり銀行は皆様の会社と同じく営利活動をしており、決して公益法人ではないのです。

したがって、株主のために利益を上げることはもちろん、損失を回避するため貸した資金も確実に回収しなければなりません。そのために貸付先の会社や社長個人の不動産を担保にとったり、社長の個人保証（会社との連帯保証）をとったりします。借入金を返済できなければ預金と相殺する、という条件で貸し付けることも一般的です。

銀行は結局、誰に貸すか貸さないか、いくら貸し付けるかを自由に決められ、回収不能になるリスクはとても小さく、かつ確実に利益を上げられる、とても「おいしい」業態なのです。

それなのに、「弊社は著名な○○銀行から多額の借入ができるほど信用力が高い」などと緊張感のないことを言っている社長が実に多い。

また、「付き合いだから……」などと銀行との関係性を気にして不要不急な借入を起こし、預金口座に寝かせている会社（特に業績や財務内容が良いとされる会社）も珍しくありません。

銀行との付き合い方は、借りなくて済む借入金を借り、高い金利で無駄な利息を払うことではありません。

その上、銀行は手数料の高い投資商品や高額な保険まで熱心に薦めてくるとんでもない「悪人」ですが、無知な社長は利用されていることに全く気づけません。

▼保険会社の問題

三人目の悪人は「保険会社」です。

日本にはたくさんの保険会社があります。あなたも保険に入っていると思いますが、その保険はあなたにとってベストな保険なのでしょうか。営業担当者には当然営業ノルマがあります。そして保険商品ごとに契約手数料が違います。

営業担当者は手数料が高い保険を売りたくなります。その商品は顧客から見たら「損をする保険」ではないでしょうか。

ほとんどの保険商品は、手数料が公開されていないので、営業マンが勧める保険商品がベストなのかはわかりません。

社長が保険に入る理由の一つに、事故や病気で亡くなった場合の事業継続に備えるということがあります。

たとえば、会社に残される借入金の返済や、社員への給与など経費の支払いです。特に借入金は、先ほどの銀行の話で出たように、社長の個人保証を相続するのは配偶者や子供になりますし、非同族の方が後継者候補の場合でも、多額の借入を残されると誰も引き継ぎたいとは思わなくなります。

もう一つの理由が節税です。

決算書を見ると、多くの会社で固定資産の部に「保険積立金」があります。節税対策として保険料50%は損金、50%が積立金とされています。

この積立金は固定資産です。

その額が数億円にのぼる会社も多く見かけます。

実は、この積立金にあてる原資を借入金から捻出している会社が多いのです。資金に色はついていません。ですからこの現実に気づくことのできる社長はいないのです。

それだけではありません。そもそも節税対策を謳う保険は、実質的には節税にはなっていないのです。

中小企業をダメにした三悪人

何年経営
しても
資金が…

税金
金利
保険料

で消えている！

中小企業を食い物にする悪い奴らがいる

税務署 国の借金を負担させる悪人	・課税額の計算は損益法による利益（所得）を基に行う ・資金が減っても納税させる
	対策　財産法・資金改善術を学び、利益と資金の増減が一致する経営を実践する
金融機関（株式会社） 信用を利用する悪人	・金融機関は貸出先を増やすため必要以上に融資する（貸出先がない）
	対策　①必要以上の融資額は返済する ②決算書が担保の時代…自己資金を増やしてどの金融機関からも融資が受けられる（格付けランク）
保険会社 社長の危機感を利用する悪人	・顧客が「得する保険」を売らず「損する保険」を売る
	対策　①保険は目的別に契約する　→　命の保障なら掛け捨て ②節税目的の保険は節税にならない…単なる課税の繰り延べの効果のみ

その理由は、保険の積立金は解約した際や、満期に返戻した際に益金として課税されます。そのため、単なる課税の繰り延べ程度の効果しかありません。それよりも、使えない積立金の資金が銀行融資を受けた資金である現実をどのように受け止めますか？

以上のように、中小企業を取り巻く税務署・銀行・保険会社は我々中小企業の味方なのか、しっかりと見極め、判断し利用していただきたいものです。

第2章

金持ち社長は資金を重視し、貧乏社長は売上を重視する

金持ち社長と貧乏社長の違いとは

資金の勉強会を全国で開催していると、さまざまな社長が相談に来られます。たとえば、売上高が数百億円規模で、潤沢な資金力を誇る金持ち社長がいます。一方、赤字で来月の資金繰りにも苦慮している社長や、半年間も社員に給与を満額払えず、給与の遅延が慢性化している貧乏社長も参加しています。

同じように資金を増やしたいと思っていても、どうしてこれほど大きな差がついてしまうのでしょうか。資金を2億円増やした社長も、資金が増えない社長も、与えられた時間は等しく1日24時間です。金持ち社長は、貧乏社長よりも100倍長く働いているわけではありません。

そこには、業種や業態を超えた社長の厳しさ、主体性の差が表れているように感じています。

これまでお会いしてきた「貧乏社長」には、共通点がありました。

真面目で一生懸命仕事をする、「努力の鬼」のような社長が、資金の増やし方がわからないために会社をだめにしています。真面目に仕事をすることが、必ずしも事業の成功にはつながらないのですが、そう妄信し、「働きバチ」のように日夜飛び回っている社長があまりにも多いのです。

利益を上げること＝資金を増やすことと思っている社長が多いのですが、実はこの2つはまったく違います。

極端な事例ですが、毎期継続的に「億」単位の利益を計上している会社が「突然、消える（倒産）」ことが現実にあるのです。これは、資金を増やすためには、利益を増やすのとはまったく違う経営が必要であることを示しています。

金持ち社長と貧乏社長の格差は、圧倒的に「資金の増やし方」の格差です。利益の格差ではありません。

金持ち社長と貧乏社長とを分ける格差が歴然と存在し、なるべくして金持ち社長となり、なるべくして貧乏社長となるのです。この差は「資金」に対する考え方、いわば資金重視の経営ができているか否かの違いなのです。

金持ち社長と貧乏社長の違いとして、特に重要な点をまとめました。この格差がズバリ資金格差を生んでいるのです。

金持ち社長は資金を重視し、貧乏社長は売上を重視する

会社経営のコツは、いろいろあるでしょう。しかし、いかにもっともらしいことを言っても「資金」を抜きに経営は語れません。

資金が増えれば社長の勝ち、資金が増えなければ社長の負けなのです。

会社は、資金がなくなれば倒産します。社長の命の次に大事なものが、会社の「資金」なのですが、そこを多くの社長は理解していません。人間でいえば「心臓」や「血液」にあたる資金を重視し、資金中心の経営をするのは当然といえますが、貧乏社長は経理任せ、会計事務所任せで経営をしているのです。

そして、売上だけに目を奪われて、何か問題があるとクレーム対応に追われます。目の前の業務に追われ、資金という大事な経営資源から逃げているのです。

たとえば、毎月、業績資料として使っている試算表があります。貧乏社長は損益計算書の売上や利益ばかりを見ています。金持ち社長は、損益計算書ではなく貸借対照表を見ています。特に、重視しているのは「資金（現金および預金）と借入金」です。売上が上がっても、利益が出ていても資金が増えていなければ、会社経営を継続することはできません。

家賃や人件費は利益で払うのではなく、資金で払います。資金がなければ払えないという当たり前の理屈を金持ち社長は理解しているのです。

このような会社がよく相談に来られます。

3年前に年商5000万円だった会社で、そのときの借入金は500万円でした。その後、売上が3億円に増え、同時に借入金も増えます。当時2人だった社員も20名になりました。

会社は大きくなりましたが、経営状況はどうでしょうか。会社経営が楽になったかというと、そうではありません。社長はさらに拡大するために、売上を上げようとして自分の時間を犠牲にし、借入金が増えて大きなストレスを抱えながら働いているのです。

売上の規模、多額の借入金、社員の数……。苦労も重くのしかかります。社長は一体、いつになったら楽になれるのでしょうか。

3年前に、「あと3年で借入金がゼロになる」と思っていたものの、売上の拡大でさらなる借入金が必要となり、会社も社長も一向に楽にはなりません。売上を追い求めると、社長は売上を上げる幹部・役員に遠慮するようになります。そして、何年経過しても借入金は減らず、運転資金が不足するという事態に見舞われます。

追加融資を受けるには社長の個人保証を求められ、こうなると負のスパイラルが加速し、社長の苦労は増え続けます。

これでは、籠の中のネズミが一生懸命に走って回し車をグルグル回し続けているのと同じです。借入金が返済できない会社は、こうしていつまでたっても資金不足から抜け出せない状況が続きます。社長は疲れ果て、ストレスを抱えながら、銀行のための「ラットレース」に嵌(はま)ってしまっているのです。

※ラットレースとは、働いても働いても日々や、その月の支払いのために働き続ける社長の姿を、回し車の中でグルグル回っているネズミに例えた言葉です。やりたいことは多いのに、資金はすぐ支払いに消えて、翌月も同じことの繰り返しというサイクルに囚（とら）われているため、来る日も来る日も働き続けなければならず、口をついて出る言葉は「資金さえあれば……」という状態を指します。

売上至上主義の末路

多くの社長は、創業時から「売上をすべての価値基準」にして経営しています。「攻撃は最大の防御」と妄信し、売上を上げるために迷うことなく投資します。

金融機関から融資も受けて、必ず儲けて成功すると信じています。

今まで付き合ったことがないような大企業と取引の機会があれば、迷うことなく乗ってしまいます。厳しい取引条件を提示されても、（大企業との取引なので）銀行が融資をしてくれ、回収が間違いないからです。

その結果、見積もりや納期、品質検査、アフターサービスといった厳しい条件に従わなければならなくなり、やがて経営は火の車になっていきます。それにもかかわらず、社長は業界の成功者としてのステータスを求め、「我が社は一流企業から認められた」と口癖のように自画自賛し、裸の王様状態になっていくのです。

こうした事例は多いのですが、特によく見られるのは製造業です。大企業の孫請け／下請け会社として、（大企業の）工場の片隅で作業する零細な会社を思い浮かべてください。

生かすわけでも、殺すわけでもなく、設備投資の借入金があるため撤退すらできず、突然、来月から単価を10%カットすると言われても断れず、利益の出ない仕事でも休日を返上し、深夜まで残業しながらこなす毎日……。これは悲惨です。

社長は、いくら働いても労働基準法に抵触することはありませんが、長く続けていればいずれ体力の限界がきます。体調を壊してしまい、廃業への道を進むことになります。このような会社の社長が資金相談に来ても、解決の糸口さえ見つかりません。

設備投資した借入金が重くのしかかるからです。

また、(大手)取引先1社とわずかな利益で取引する会社も同じような運命をたどります。主導権を完全に取引先に握られていて、どんな要求も呑まなければならず、資金は減る一方で、借入に依存してラットレースの道を歩んでいくのです。

資金が増えない会社の共通項

①自社の強みが何か知らない。
②現状のことでいっぱい。将来の夢・構想がない。
③同業者との差別化要素がない。
④取引先を選べない。

こうした会社に共通するのは、社長が数字に弱く、資金重視の経営をしていないことです。

貧乏社長は、売上を上げることしか考えていないので、それに時間を奪われ、実は資金の増加につながるような仕事はほとんどできていません。

社長同様、社員も資金が増えない仕事をしています。いくら時間をかけ、汗水垂らして「働きバチ」のように一生懸命仕事をしても資金は増えません。

売上に目を奪われ、売上重視の経営をしている会社は、「生きている」のではなく「息をしている」だけと言えます。

資金が回っている間だけ継続できているに過ぎないのです。
会社は資金が増えなければ誰も幸福になれませんし、全員が敗者と言えます。

05 資金を増やす社長はどこが違うのか。貧乏社長が直ちに取り組むべきこと

資金繰りが厳しく、今にも倒産しそうな貧乏社長の会社でも、そこから奇跡的に改善し、金持ち社長になる姿も数多く見てきました。

共通することは、
①社長の意思決定⇓社長が率先して会社を変える意思を社内に示す。資金を増やすという基本を実践する。
②すぐに実行する⇓スピード勝負、改善のためにできることから実行する。
③やることを決める⇓あれもこれもと手を出さない。改善インパクトの大きいものから着手する。

たとえば、仕入れのコストダウン、人件費の適正化など、資金が外部に大きく出るところから改善していく。

④業種や規模は関係ない⇒固定観念は捨てる。業界の常識は持ち込まない。

⑤資金改善のために「利益率・客単価を高くする経営」を社長自ら実践する。

利益率を上げる方法について質問を受けることが多いのですが、実は利益率を上げる方法は簡単です。

利益率の低い売上（取引先・事業）をなくすのです。それだけで平均利益率が上がりますし、資金（特に運転資金）が改善します。

利益率の高さこそが企業の力であり「資金の格差」となって表れます。金持ち社長の会社は利益率が高く、貧乏社長との「資金の格差」を生む要因になっています。

社長と商売人の違いを学べ

会社を創業したばかりであれば、社長は何でも自分でやらなければなりません。しかし、ある程度軌道に乗ってくると、現場の仕事は社員に任せ、自分は経営に専念しなければなりません。

社長にしかできない仕事とは、資金を増やす考え方を学び、資金からすべての経営判断をすること、そして実際に資金を増やすことに他なりません。

経営とは「人・モノ・金・情報」を自社の事業に活かすことであり、社員と一緒に現場で汗を流すのは「商売人」に過ぎません。商売人は、職人という言葉に置き換えてもよいでしょう。

経営者と商売人の違いは、会社の規模の大小とはあまり関係がありません。

たとえば、年商20億円規模でも現場で汗を流し商売をしている社長もいれば、年商1億円の会社でも現場から距離を置き経営に専念している社長もいます。

資金を増やすことを知らない社長の共通点が、商売人であることです。目の前の仕事に明け暮れて、社長としての務めをサボっている社長です。右脳と左脳を両方使えないことと同じように、身体を張って働くあまり、頭が働かなくなるのです。社長の思考停止こそ資金不足の原因であり、最悪のサボり屋は社長の脳みそなのですが、それに気づいていないのです。

経営者と商売人では、「仕事の中身や内容、時間の使い方」がまったく違います。労働時間の大半を現場で汗水たらして過ごし、これが社長の仕事だと思い込んでいる社長は注意しなければなりません。

売上を増やすことはできても、経営がうまくいきません。

大手取引先でも躊躇なく断る金持ち社長

金持ち社長は資金を重視した経営をしているため、資金から判断し、たとえ大手の取引先から話があっても、浮足立つことはありません。自社の資金が増えないのであれば、即刻「お断り」です。

資金から判断しているのは、何も取引先だけではありません。

仕入先・銀行・社員に至るまで、資金を基準に厳しい目で判断しています。資金という軸があるため、予測の難しいことやリスクも事前に察知できるようになるのです。中心軸がぶれないため、大きなリスクを負うことなく経営できるようになります。

金持ち社長の会社は、社員も資金重視の仕事をします。資金の増やし方を考え、常に資金につながる仕事に集中しようと知恵を使います。

こうした姿勢の違いが、金持ち社長と貧乏社長の間に大きな資金格差を生むのです。

金持ち社長・貧乏社長のキャッシュフローの違い

事業を拡大する計画は、借入金を増やすことに繋がります。理由は、売上を拡大する前に投資が必要となるからです。新たな設備や増員・在庫も必要となり、その原資は借入金で賄うからです。

そのため、売上を回収すると借入金の返済が最優先となります。次に仕入れの支払い、経費の支払いとなります。売上が予算どおりに増えなければ仕入れの支払い、経費の支払いがピンチになります。

社長も「もっと売上を上げて良い会社にしたい」と考え、そのために銀行から運転資金を借りて投資をします。このように、売上を増やそうとすると、同時に借入金も支出も増えます。これを繰り返していては、資金は増えるわけがありません。

金持ち社長は、利益と資金を伴わない売上は不要と考えます。

独自で開発した専売品を販売強化するなど、利益率の高い商品を売り、自社の利益と資金を高める経営を基本としています。利益率の低い売上は、原価が高いため、取引をやめ

貧乏社長と金持ち社長の資金格差

売上さえ増やせばなんとかなるという社長の空想

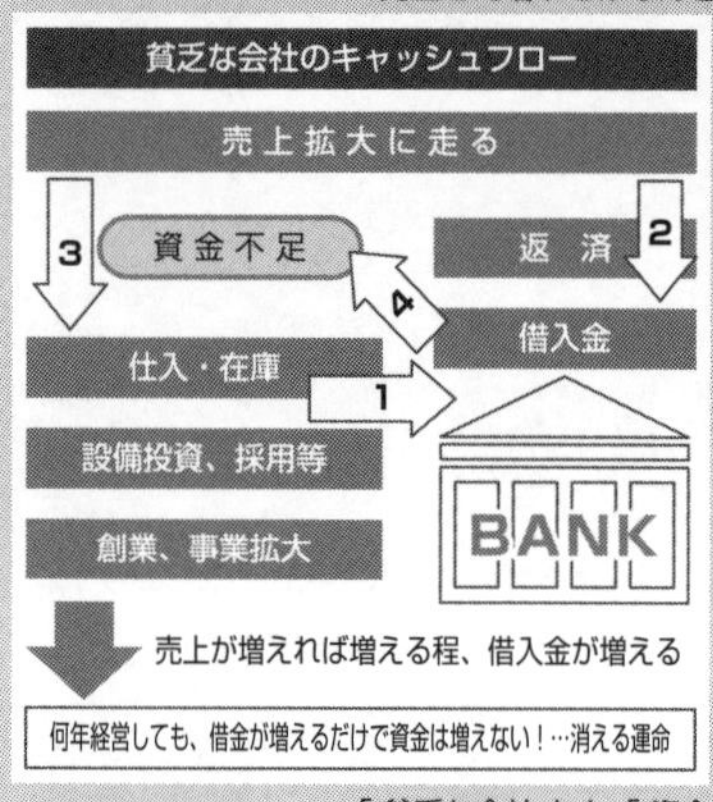

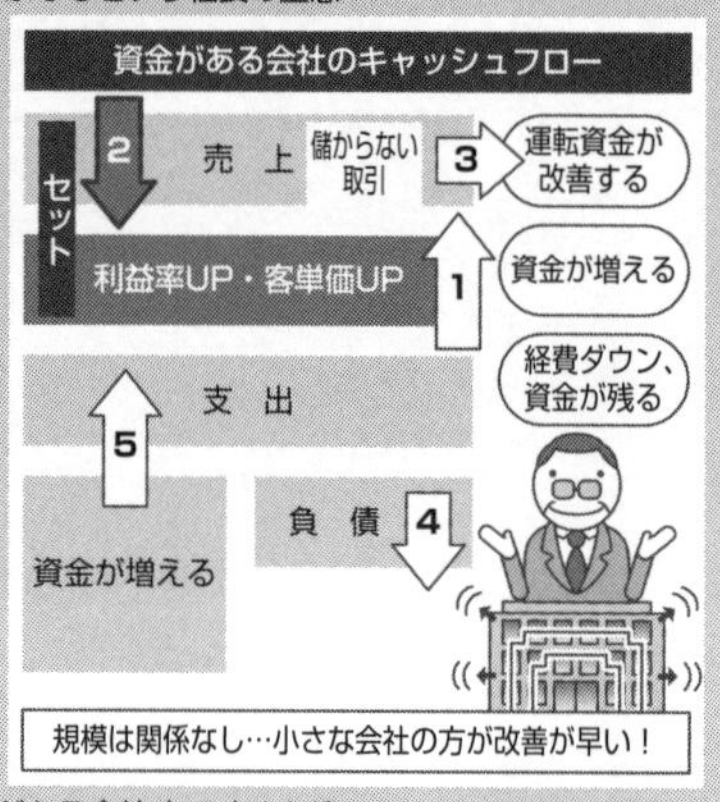

「貧乏な会社」と「資金がある会社」の大きな違い

ることで資金の支払いを少なくします。

利益率の高い売上は、原価が低く、販売が増えれば増えるほど利益と資金が同時に増え、借入金が返済できます。利益率の低い売上をなくすことで、経費も下げることができます。

このようにして金持ち社長の会社は、より資金が増える会社へと成長するのです。資金がある金持ち社長のキャッシュフローをご覧ください（上の図を参照）。

売上を軸に考えるか、資金を軸に考えるかの選択で、資金が大きく減る会社と資金が大きく増える会社に分かれます。売上を追い求める経営と資金を増やす経営の違いは、まさに社長の考え方の違いなのです。

身銭を切って資金の大切さを知れ

NBC式資金改善術は、自社で実践してきたことです。資金改善術は増資から生まれました。増資のために、社長は自分の資金を会社に入れるべきです。

当社は創業34年目を迎えますが、現在の社員数は150名、総資産40億円（純資産30億円）、全国（札幌・仙台・東京・名古屋・大阪・福岡）に支社を持つまでに成長しています。本業の会計事務所、経営コンサルティング事業に加え、東京の新宿区、千代田区にビル（4棟）を保有しています。景気変動の影響が少ない安定した収益が得られ、損益分岐点がとても低く、赤字になりにくい会社を作ることができました。

こうした経営ができるようになったのは、創業から7年間にわたり増資を繰り返してきたことによる効果が大きかったと創業者の野呂敏彦（現会長）は振り返っています。

野呂会長は、役員報酬＝「社長の個人資産を増やす」のではなく、会社を大きく成長させるための資金であると考えてきました。そこで創業以来、増資を繰り返してきました。

創業当初より、月額役員報酬100万円から生活費30万円を除く70万円を7年間増資にあてできました。

理由は、社長は経営のすべてに責任があるからです。

資金を増やさなければ会社は成長できません。

オーナー社長である限り、良くも悪くもすべての責任は社長にあります。

そのため、資金は万が一に備えて増やしておかなければなりません。将来、資金を増やして安定した会社になれば、社長はいくらでも役員報酬を取ることができます。それならば、個人の預金としておくのと、会社の預金にするのと、どちらに価値があるかを考えたのです。

会社の資金を増やす方法は、利益を計上して課税された残りを資金として増やすか、役員報酬から源泉所得税を控除した分を増資するかの選択となります。

多くの社長は、利益が出たら法人税を下げるために、節税対策として保険に入ったり、固定資産を購入(たとえば車など)したりします。その結果、自己資本の蓄えができず、経営の谷間に陥ったときに蓄えがないことを後悔します。

役員報酬から増資するために役員報酬を上げると、損金が増え法人税は下がります。その代わり、個人の源泉所得税は大きく増えます。法人税と所得税を比較すると、法人税率より所得税率のほうが低かった（当時）ため、法人・個人トータルの税金という面でもメリットがあり、増資という方法が有効でした。

また、せっかく増資しても、会社の資金が減れば、自分が苦労して稼いだ報酬も水のように流れて消えたことを意味します。

そう考えると、会社の資金に対して非常に厳しい見方、無駄なことはさせない考え方が自然と生まれました。当時は１０００円の経費でも事前申請させるほどでした。増資を繰り返した経験が資金を増やす経営に繋がり、お客様へ提供する資金改善術として転化していったのです。

増資が銀行の信頼を生んだ。多額の融資を受け10億円のビルを購入

役員報酬からの増資と利益の蓄積で7年後、自己資本9000万円、自己資本比率95%の会社にすることができました。

それでも当時の売上は2億円（現在18億円）で、支店はあったものの、札幌中心に事業を営んでいた時期でした。

あるとき、メインバンク（札幌）の支店長が訪ねてきて、「東京に差し押さえたビルがある」と10億円のビル購入の話を持ち掛けられました。

当時の会社規模から考えると、10億円のビル購入というのは考えられないほど大きな話でした。それでも、増資を繰り返し自己資本比率を高めたことが銀行からの信用を生み、多額の融資を引き受けていただき、東京に自社ビルを持つことになりました。

最初は、全フロアを自社で使用していましたが、自社では使いきれないほどのスペースだったため、テナントに貸し出し賃貸用不動産の事業を展開するようになり、安定した収益へと育っていきました。

そして、借入金が減ってきたら新たなビルの購入を繰り返し、現在は東京で4つのビルを所有しています。

その不動産収益が会社経営の安定化をもたらすまでになりました。

本業においても、東京で自社ビルを持っていることがお客様の信頼感、安心感に繋がっていますし、採用面においても、しっかりした会社と評価してもらえるという大きな効果に繋がっていると感じています。

NBC式資金改善術は、まず資金を残すこと、次に資金を増やすこと、そして資金を活かすことという3段階になっています。資金を残すために、増やすために、経費を少なくする、在庫を少なくする、売掛金は早く回収する、固定資産は持たないなどの体質づくりからスタートします。資金を活かす段階になると、賃貸不動産の取得、新規事業への進出といった成長戦略に繋がっていきます。まさに、NBCグループがここに至るまで実践してきたこととの歴史といえます。

役員報酬から増資する最大の目的は、

①上り坂、下り坂、「まさかの坂」が来たときの準備

②将来の成長の「翼」にするための資金にすること

です。

増資をし、資金を大切にし続けていれば10年、20年、30年先に自分が想像できなかったような会社になれるはずです。会社は資金に困らず、社長は豊かな人生が送れ、社員には高い給与が払えて、みんな楽しく暮らすことができます。

オーナー社長は、すべての責任を一人で負うものです。質素倹約に努めて資金を増やす体質を築けば、その先には最良の人生が待っています。

NBC式資金改善術は、資金を大切にする考え方から始まり、利益率を高くして資金を増やす経営術に繋がり、付加価値の高いビジネスへ転換する極意なのです。

数字に弱い社長は倒産予備軍

NBCグループが毎月主催している「社長のための資金と人を活かす研修会」では、参加される会社ごとに、担当コンサルタントが付きっきりで決算書を基に試算表から財務分析・資金分析を行い、問題点と改善点を報告します。

金持ち社長は、コンサルタントからの分析報告をしっかりと理解し、その後のカリキュラムもスムーズに進めることができます。

一方、貧乏社長は、コンサルタントの説明を理解することができません。端的にいってしまうと数字に弱いのです。限界利益と売上総利益の違い、営業利益や経常利益の違い、損益分岐点比率とは何か、固定費とはどういう意味かが理解できないため、意味から丁寧に説明していかねばなりません。そのため、カリキュラムに遅れが出てしまいます。

そして、自社の課題についての理解度にも大きな差が生まれてしまいます。

金持ち社長になるためには、数字に強くならねばなりません。数字に強くなるとは、簿記ができる、経理ができるということではありません。数字の勘所（ポイント）を押さえる力、読む力を高めることです。

勘所（ポイント）を押さえていれば、会社が悪い方向に進んでいるのか、良い方向に進んでいるのか、その理由を把握することができるのです。

先日、ある社長と経理を担当する奥様が一緒に研修会に参加されました。

会社は債務超過状態です。こういった厳しい会社が研修に参加されることは少なくありませんが、3年連続赤字経営で財務はガタガタの状況です。

数字に強い社長なら、こういったことは絶対にあり得ません。

改善すべくさまざまな手を打つはずですが、この会社は社長が職人で現場が大好き、数字にはめっきり疎いという方でした。

経理担当の奥様も、経理処理に追われ、決算書や試算表から数字を読み解くことまで気が回りません。本来、経理とは処理することではないのですが、数字に対する危機感が薄く、放漫経営になっていました。こういう会社の場合、本来は顧問税理士が警鐘を鳴らす役割なのですが、社長や奥様との関係も「なぁなぁ」で、こちらも処理（申告）が仕事になっている状況でした。

幸い、古き良き時代の蓄財でかろうじてやってきましたが、いよいよ蓄えも乏しくなり資金繰りに苦慮してきたことから、今後の経営について目を向けるようになり研修会に参加されました。参加が1年遅れていれば、間違いなく倒産していたでしょう。

数字に弱いというのは、本当に恐ろしいことです。

⑫ 資金を増やす秘訣は最も簡単なダイエットと一緒

ダイエットにはさまざまな方法があります。有酸素運動をする、炭水化物を抜く、風呂やサウナで汗を流す、同じ果物を食べ続ける……。

しかし、最も簡単なダイエット方法は「毎日体重計に乗り、体重を記録していくこと」ではないでしょうか。毎日、決まった時間（朝起きたときなど）に体重計に乗れば、自分の体重の変化を実感できます。

たとえば体重が1キロ増えていれば、夕飯の量をいつもより控えめにする、寝る前には食べない、最寄り駅の1つ前で降りて歩く、歩くスピードを速めるなど、自分で体重をコントロールする対策や知恵が生まれます。

こうした日々の積み重ねで、ダイエットをする方法です。毎日体重計に乗っている人は、気づけばズボンがきつくなったということはありません（笑）。

資金を増やすのも、このダイエット方法と同様です。日々の資金の動きに関心を持つことです。銀行の（定期・普通）預金残高を把握し、借入金の残高を押さえていれば、いつでも資金の状況を把握することができます。

何も難しいことではありません。ネットバンキングを使っている会社なら、５分もあれば自社の状況がわかります。

こうしたことを続けていけば、資金が増えているのか減っているのかわかってきます。そして、減っているならなぜ減ったのか、増えたならなぜ増えたのかを理解できるようになります。

ＮＢＣグループが提供している「瞬間くん®」という資金の見える化ツール（４５００社が使用）も、同じ考え方に基づいています。資金の状況だけでなく、ＢＳ残高科目をいくつか入れると、何にいくら使われたかを明らかできる仕組みになっています。

⑬

「経理に任せておけば大丈夫」では、金持ち社長にはなれない

会社の資金は、人間でいえば心臓であり血液です。経理に任せておけば安心という考えは完全に間違っています。資金の状況をつねに把握する癖をつける必要があります。

といっても、現預金残高だけ把握すれば良いわけではありません。借入をすれば現預金残高は増え、借入を減らせば現預金残高は減少します。

現預金と借入金はコインの表と裏の関係なのです。そのため、現預金から借入金を差し引かなければ、資金の状況を正確に把握することはできません。

NBCグループでは、この現預金から借入金を差し引いたものを「自己資金」と呼んでいます。間違っても、現預金の残高だけで判断しないでください。まずは、月末あるいは月初に自己資金がいくらあるか、先月と比較するところから始めましょう。

毎月、資金の状況を確認すると、思っている以上に「資金が動いている」ことを実感できるはずです。もしかすると、1か月間、社員に残業や休日出勤をさせているのに、資金が増えていないことに虚しさを覚えるかもしれません。今まで経理任せにしてきた仕入れ

（支払い）の大きさや税金の金額に衝撃を受けるかもしれません。

こうした積み重ねのなかから、資金を増やす知恵や工夫、創意が生まれてくるのです。「早く指導を受ければ良かった」「なぜ、創業時に学ばなかったのか」。そんな社長の声を多く聞きます。まずは、自社の自己資金がいくらなのかを正確に把握することを繰り返していきましょう。

14 資金がなければ事業承継は失敗する

最近、事業承継の相談が増えています。父親から事業承継して数年しか経っていないのですが、借金も承継したことで苦しんでいる社長（後継者）からの相談です。いつまでも楽にならず、年齢は若い（30代）のに蟻地獄のような毎日を送っています。

先代（父親）は、事業拡大のために大型投資をして、その借入金を返済することなく亡くなったそうです。相続とは、親の財産を受け継ぐばかりではありません。親の残した借金を子供が背負うという負の相続のケースもあるのです。社長は、資金が増える経営を実践し、借入金を返済しておかなければ、自己の晩年だけでなく残された家族や縁ある社員も不幸にすることになりかねません。

若いときに、事業が成功しどんなに華やかな生活を送ったとしても、晩年が借金苦で心寂しく貧しければ、その人の人生は失敗といえます。

資金を増やす経営を実現できれば、銀行・業界・信用調査機関から高い評価を得ることができますし、会社の将来の選択肢も広がります。

会社に資金があれば、会社を継ぎたい後継者が現れ、事業承継もうまくいく可能性が高まるでしょう。後継者がいなければ、経営できる人を連れてくる方法もあります。

会社を畳むにしても、清算・廃業・M&Aにより会社を売るといったことができます。しかし、資金がなく、借入金が多い会社の選択肢はかなり限られます。清算も廃業もM&Aという選択もありません。他社にない技術や特許など、特別な無形資産がない限り、資金がない、借入金過多の会社を買う会社はないに等しいのです。

そうなると、最愛の身内に事業承継するしか選択肢はなく、後継者は不幸な道を歩むことになります。社長は、こうならないよう資金の大切さを理解し、経営していかねばならないのです。

早起きすらできない社長は、絶対に金持ち社長にはなれない

ＮＢＣ式資金改善術を学ぶ社長には、「早起きくらいできなくて資金が増えるのか」と早起きを勧めています。というのも貧乏社長には、朝が遅くて自分に甘く言い訳をする方、資金にだらしなく人にも厳しいことが言えない方が多いからです。

創業時、あるいは社長を承継したときには、社員の誰よりも早く出社していた社長もいます。ところが、次第に事業への情熱が薄れ、だんだんと出社が遅くなり、今では重役出勤になっている社長が意外にも多いのです。

朝遅い生活から早く起きる生活へと、習慣から変えることで、当時の気持ちを思い出してもらうのです。社長が朝早く出社することで、社員から社長が変わったと思ってもらうこと、社内の緊張感の醸成など、大きな効果が得られます。

ビジネス雑誌、プレジデントが２０１３年に５００人を対象とした、興味深い調査を実施しています（左の図を参照）。

朝起きることが、仕事や健康、プライベートにどのような影響を与えているかを分析し

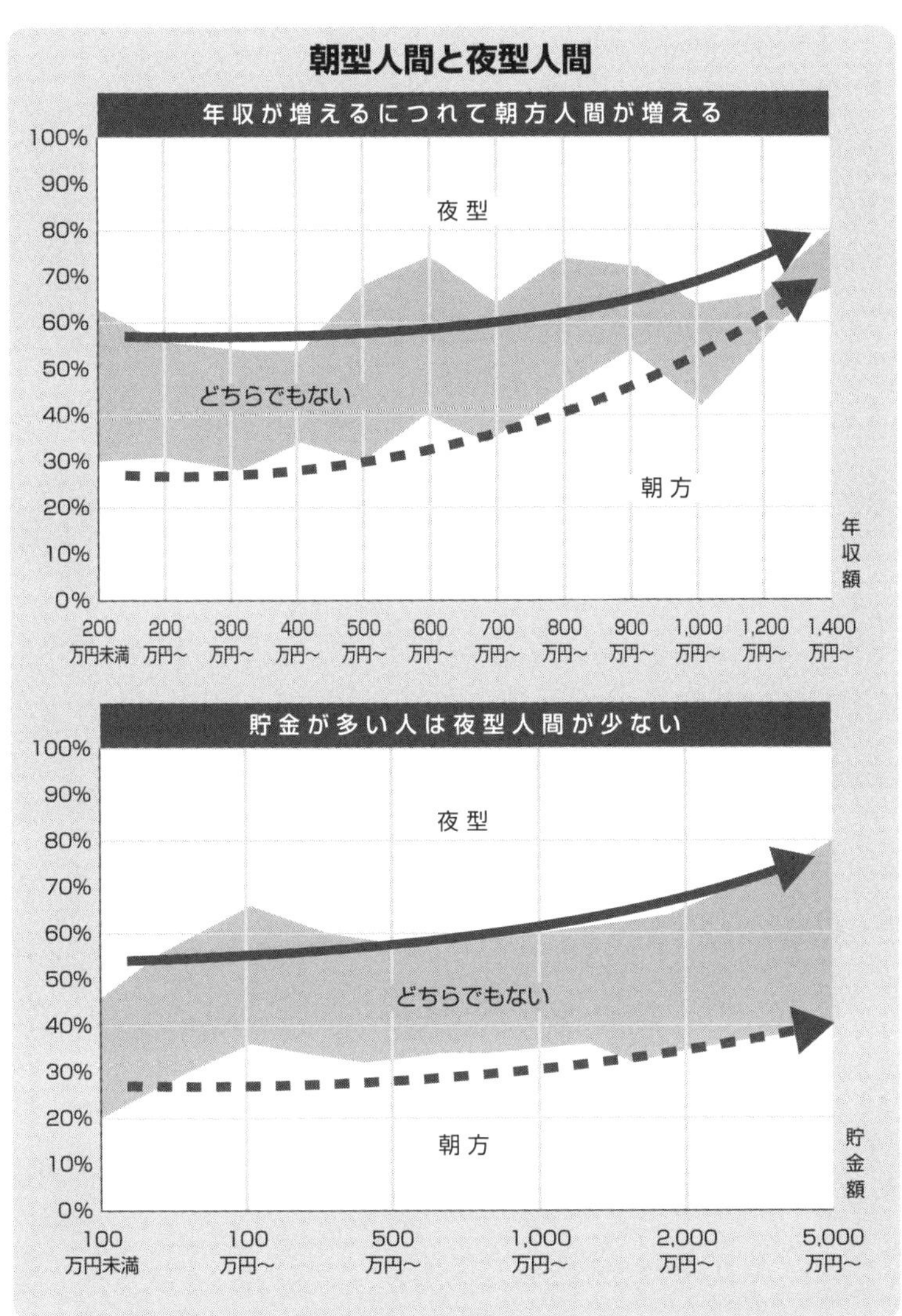
朝型人間と夜型人間
年収が増えるにつれて朝方人間が増える
100%
90%
80%
70%
60%
50%
40%
30%
20%
10%
0%
夜型
どちらでもない
朝方
年収額
200万円未満
200万円~
300万円~
400万円~
500万円~
600万円~
700万円~
800万円~
900万円~
1,000万円~
1,200万円~
1,400万円~
貯金が多い人は夜型人間が少ない
100%
90%
80%
70%
60%
50%
40%
30%
20%
10%
0%
夜型
どちらでもない
朝方
貯金額
100万円未満
100万円~
500万円~
1,000万円~
2,000万円~
5,000万円~

たところ、「朝型」「夜型」であることと「年収」と「貯蓄」に大きな相関関係が出ています。まずは年収を見てみると、年収が増えるにつれ、朝型である人の比率が上昇しているのがわかります。年収400万円未満では朝型人間が3割程度であるのに対し、年収900万円前後では5割近くが朝型、年収1400万円では6割以上が朝型という結果になっています。

貯蓄額の違いはもっと鮮明です。貯金ほぼゼロ（100万円未満）層では朝型が約2割、夜型が約5割なのに対し、貯金5000万円以上では朝型が約4割、夜型が約2割と比率がほぼ逆転しています。つまり、朝型の人は夜型の人に比べて、平均的に「年収が高く、貯金も多い」ことが表れています。

人間の脳は、睡眠中に記憶をふるいにかけてムダな情報は消し、必要な情報だけを優先順に並べ替えると言われています。起きぬけの頭の中は、掃除したての室内のように、すっきり片付いているようです。

その日のなかで、自分の体と脳が「ベスト」の状態とも言われています。せっかくのベストの状態も満員電車で消耗したり、朝の雑事に何となく使ってしまったりするのは、あまりにもったいないことです。朝はじっくり考えたり、ひらめきを呼んだり、名案を練ったりするのに最適です。思考も前向きなので、大事な判断は朝にする習慣をつけると、人生そのものが前向きになります。
時間に余裕が生まれて、心の余裕にも繋がります。

16 早起きすることの効果

①早起きをすると、「目的意識」が明確になる
②早起きをすると、朝の1時間で昼の「4時間分」の仕事をこなせる（電話も来ない）
③早起きをすると、「理性的」に考えることができる
④早起きをすると、前向きになり、自信につながる

こうした効果が、「資金」を増やすことに繋がっていきます。

「努力している人は運命を裏切らない」という言葉があります。毎朝の積み重ね、努力の積み重ねは社長を裏切りません。会社を良くするために、社長が朝早く起きるのは金持ち社長になるために当たり前のこととして、徹底してほしいものです。

第3章

金持ち社長に求められる資質

中小企業と大企業の違い

▼個人保証が生む真実

株式会社である以上、会社の所有者はいうまでもなく株主です。企業規模の大小にかかわらず、例外はありません。

しかし、大企業（公開企業）の経営では「所有と経営の分離」といい、社長（社長）は所有者（株主）のコンセンサスを取らねばなりません。そのため、社長の経営手法は株主から評価され、業績が悪化すればクビになります。

しかし、大企業は辞めることで、個別で投資している分以上に社長が負債を背負うことはありません。

中小企業は、その点が大きく異なります。経営者が株主でもあり社長でもあるからです。すべて社長一人の判断で会社を動かすことになります。そのため、判断を誤ると社長職や名誉だけでなく、社長個人の財産も失います。さらに、債権者に責められ、ドラマで見るような夜逃げや自殺が現実に起きるのです。

当然ながら、資金調達の方法も大企業は株主からの投資により賄われていますが、中小企業は銀行からの借入です。そのとき、オーナー社長の個人保証に加え、社長の自宅と土地も担保にしなければ融資をしないと言われることもあります。

大企業も銀行から資金を借りることはありますが、社長個人の保証、個人資産を担保にすることは法律で禁止されており、罪に問われることになります。

▼社長が個人保証した借入金を妻へ請求された悲劇

借入金の個人保証の怖さを示す事例を紹介します。

数年前のことですが、社長（55歳）が心臓病で突然死するという事件がありました。葬式が終わり、残された家族が悲しみに暮れるなか、自宅に銀行の支店長が訪問してきたそうです。社長夫人は弔問に来たのだと思い、招き入れます。

しかし、支店長の目的は弔問ではなく、個人保証をした借入金の返済の相談でした。社長夫人は会社の経営に関わっていなかったため、借入金がいくらあったか知る由もありません。支店長が提示した融資契約書を見ると、その金額は3億円……。社長夫人は腰が抜けるほど驚いたそうです。

思わず「30万円ではないのですか?」と聞き返したほどですが、支店長は桁を指さし、確認します。「1、10、100、1000、1万円、10万円、100万円、1000万円……」。数字を数え終わると、悲しみの涙が次第に怒りの涙に変わっていきました。

支店長の「奥様、この借入金を返済していただくか、それとも奥様が事業承継するかを決めてください」という申し出も、不幸に追い討ちをかけました。ご主人が、会社の所有者として残したのは財産ではなく負債なのです。サラリーマンならこんなことにはならなかったのにと思った瞬間でした。

結局、サラリーマンをしていた25歳の長男を代表者にして承継しましたが、半年後には社長である長男を支えるはずの役員が、協力どころかイジメのような行為を始めます。最後は心が折れて精神科に入院、承継からわずか1年足らずで会社は倒産しました。

▼借入が多ければ事業承継もできない

一般に会社は、資金が回っている間は資金に無関心ですが、銀行融資ストップ、売上債権が回収不能になって初めて、本当の恐ろしさに気づくのです。実は、経営のすべての資源は資金です。その資源を活かすという発想で経営しなければ、経営は失敗します。

最近私がお会いした会社では、事業承継する予定の後継者が会社の借入金の多さを見て驚き、事業承継を拒否したという事例があります。社長は、負の承継に対してもっと真剣に向き合わなければならないと強く訴えたいところです。

父親である社長が亡くなると、後継者候補を取り巻く環境は一変します。悲しみに暮れる間もなく、父が銀行に個人保証した借入金を承継しなければならない状況に追い込まれるからです。債務が多い会社の社長には、一日も早く借入金を返済して無借金経営にしなければならないと訴え続けています。

幸いにも、近年の資金研修会では、親子で参加する会社が増えています。そうした会社の1つで、研修会中に面白いことが起きました。

研修開始時は、親子が互いに顔も合わせず、今にも火花が飛び散りそうな様相でした。しかし研修が進み、自社の資金改善報告書が手渡されると、少しずつ変化が生まれました。報告書には現状の自己資金が記載されています。

現預金が2億円あって借入金が4億円、つまり現預金よりも借入金が多い状態です。さらに、自己資金が3年前と比べて1億円も減少・悪化しています。

借入金と現預金の比較、現在の経営が資金を減らし続けている事態に、後継者は深刻な表情になります。

後継者「俺は、この借入金を承継するのか。とんでもないことだ」
社　長「これでは、息子に承継させるのはかわいそうだ」

資金という共通言語により、その後2人は初めて本音で語り合い、それからはそれぞれの役割を決めて、現在は一緒に資金を増やす経営に取り組んでいます。

▼財布は一つになる

会社によっては、社長の給与が社員の給与以下のところもあります。資金がないからやむを得ないと言えますが、とても気の毒なことです。その一方で、「節税」という目的から、高額な役員報酬を取る社長もいます。

私の目には、役員報酬は融資先に返済する預かり物、赤字で資金不足になれば返金する預かり物のようにも見えます。会社が資金難に追い込まれると、社長自身の預金を会社につぎ込むからです。個人保証をしているため当然のことです。

中小企業では、オーナー社長が個人保証をした瞬間に、実質的に個人の財布と会社の財布は一つになります。私の考えは、財布が一つになるのだから、社長は役員報酬を好きなだけ取れば良いというものです。社員の目を気にしたり遠慮したりする必要はないと思います。

その代わり、報酬が取れないときはゼロになることもあり得ますし、自己の預金をつぎ込むこともあります。つまり、役員報酬は儲けた利益処分として、すべて社長の責任で支給額を決めればいいのです。勤務時間8時間で働く社員と、24時間年中無休で働く社長とでは無限の格差があるのですから、当然のことです。

02 覚悟が足りない!

ＮＢＣ式資金改善術を導入し、資金を爆発的に増やしている社長には共通点があります。最も重要な資質は、「自分で決める」ことができるかどうかです。簡単なことであり、社長であれば持ち合わせている資質のように感じますが、世の中には自分で決められない社長が多すぎると断言します。

経営をスムーズに進めるためには、強い意志が必要であり、それは中小企業オーナー社長の最も重要な仕事です。社長が「こうする」と自分で決めたら、あとは「これを実現しろ。責任は私が取る」と、ナンバー2以下の社員を動かすのです。

資金の観点から考えてみましょう。

会社が赤字経営、資金難に陥る原因の多くは、資金と利益がアンバランスになったことです。資金を増やす経営がわからないため、気づいたときにはすでに致命的な状況で、会社は消えていきます。

資金と利益がアンバランスなまま売上を上げると、運転資金がさらに大きくなり、運転資金を銀行融資に依存している体質から脱却するどころか、悪化させるだけです。しかし、売上を上げることは格好いい・これまでの考えを変えたくない（社長のよくある傾向）ため、気づいていても行動できないケースが多くあります。

極端な話ですが、銀行融資が受けられないような小さな経営をしている会社の多くは、不思議かもしれませんが資金に困りません。なぜかというと、売上が少なければ支払いも在庫も経費も少ないため、社長が資金の流れ全体を見渡すことができるからです。

この資金の流れを把握することが「資金を増やす経営」の基本であり、変化を恐れず気づいたら率先して行動する「覚悟」が必要なのです。大企業のように、会議で幹部全員の承認をとるなど、大きな間違いです。

▼「経営計画書」の前に必要なこと

先日疑問に思った、とある会社の話をします。

自己資金がなく経営が窮地にありながら、社長としてのプライドからか、現実と向き合わない「経営計画書」を作成し、社員に今期の経営方針を語る社長がいました。それにどれほどの意味があるのでしょうか。

経営計画とは、会社を飛行機にたとえると、1年間、どこへ飛んで何をするのかを記載したものです。しかし、資金がない会社は行き先を決めても（計画）、燃料（資金）がない状態です。

必要な乗員を乗せて、機材を積み込んでも、離陸さえできません。そんな会社が社員に1年間の売上計画、利益予算を表明しても、燃料がないのですから飛び立てるはずがありません。

そもそも、自己資金がなく経営がピンチなら、経営計画は現状と合致せず、社員の理解も社長と異なるはずで、あまり意味がありません。

資金のない会社の社長が5年先、10年先の構想を語っても、5年先に会社はあるのか、5年先に今の社員は会社にいるのか疑問です。単に社長の願望を語っているだけで、意味を成しません。

▼「社員参加型経営」「ボトムアップ経営」で失敗する

中小企業のなかには、社員や幹部に経営を委ねる会社があります。最終的に責任を取れない人間に会社の経営を委ね、大切な意思決定を任せて良いのでしょうか。もし失敗したら、責任の取れない人間の尻拭いを社長がすることになるのです。

ところが現実には、ワンマン経営やトップダウン経営に躊躇し、社員の顔色を伺いながら、恐る恐る舵取りをしている社長が多くいます。私に言わせれば、情けない限りであり、皆「社長失格」です。「頑張れば夢がある会社にする」などと発言する社長も同様です。

そんな言葉で社員の意識が変わるものか、私には疑問です。

次に紹介するのは、実際にあった会社の話です。

その会社は全員参加型のボトムアップ経営をしており、社長は任せたら口を出さない体制でした。決算後の業績会議にて、社長が「今期赤字になった責任は専務のSにある」と言って、S専務を追い込んだことがありました。

結局S専務は辞めましたが、ここで認識しておくべきことは、今期の赤字の負債を背負うのは社長だということです。中小企業では、すべての責任は社長にあり、最終的に責任を取らない者に大事な経営の意思決定をさせる会社は、とんでもない間違いを犯しています。

この事例はいわば「責任を取らないボトムアップ経営」であり、「赤字になったら俺が責任を取る」と宣誓する勇気がなければ任せてはいけません。

余談になりますが、私はNBC式資金改善術を開発するに当たり、資金改善や資金を中心にした書籍を山のように読み漁りました。しかし、どれもが中小企業経営に不向きなものでした。

その多くが、株式公開をしている大企業を対象に研究されたものだったからです。社長向けに書かれた一般のビジネス書も似たようなものです。それが中小企業にとっていかに現実離れした「きれいごと」かわからず、鵜呑みにして、大きな勘違いをしている社長が世の中には溢れています。

03 独裁力

▼決断力

「資金を増やす経営」というのは社長の強さ、社長が孤独にどれほど耐えられるかで決まると断言します。

社長が思い描く理想の会社を実現するには、「俺はこんな会社にする」と決めて自ら実践するほかありません。

自信がない社長は、自分の考えを社内に浸透させるために社内のキーマンに根回しをする場合があります。私はその行動を否定します。なぜなら、幹部の意見を聞いていると、社長の強い意志が消えていくことがあるからです。資金を増やす社長というのは強い信念を持つこと＝独裁力であり、社員、幹部に協議、相談して経営の意思決定をすることではありません。

▼中小企業はワンマン経営

ＮＢＣ式資金改善術を開発するに当たり、資金を増やし成功する金持ち社長と失敗する貧乏社長はどこが違うか、徹底的に研究しました。

結論を申し上げると、「成功する金持ち社長はワンマンである」こと、「失敗する貧乏社長は幹部・社員に遠慮して妥協する」ことに尽きます。

我々の支援先を見渡してみると、資金を増やしている社長のほぼ１００％がワンマン経営を行っています。その理由は、精神論ですが、資金を増やす経営に徹すれば徹するほど「当てになるのは自分だけだ」という心理になるからです。

その心理にたどり着くまでに、ある会社の社長との出会いがありました。

売上20億円、借入金38億円という、負債の多くが不動産取得の失敗による会社がありました。話を聞き、実情を見るため訪問すると、案の定、社長はここ数か月休みなしで資金工面のための死闘を続けていました。洋服や身だしなみは乱れ、我々との面談中にもひっきりなしに携帯が鳴ります。資金繰りに苦しむ社長を見て、本当に気の毒に思いました。

会社の組織構造を聞くと、会社の業績目標は「売上前年比１１０％」で、オーナー社長はナンバー2である専務兼営業本部長（前職から引っ張ってきた会社の先輩であり、営業が得意で会社の売上の30％を握るキーマン）に頭が上がらず、何も言えない状態でした。重要な意志決定は幹部全員の承認が必要で、社長は事前に幹部の承認を取るため、会議前に各部署を回っているという、何とも情けない状態でした。

ＮＢＣ式資金改善術は「資金を増やすことは、売上を上げることではない」という発想であり、売上を追い求め、拡大路線を夢見ていた社長には信じられない考えでした。

前職のサラリーマン時代も、社長となった今も、売上を上げれば資金が増えるのは当然と思っていたからです。

当時は藁にもすがる思いだったのでしょう。社長はすべてを打ち明けてくれました。

「『これまでは資金を増やさない経営だった。資金を増やすということは今までと真逆の経営をすることだ』というＮＢＣの一言が、自分の心に火をつけた」と今は語ってくれています。

そこからＮＢＣ式資金改善術を学び、考え方を一変し、徹底的に行動しました。

業績目標を売上ではなく資金とすることに専務は猛反対し、営業のできる幹部数名と共に退職しました。

幹部の退職者が7名にまで増えたとき、「孤独に打ち勝ち、信じるのは己の心だけだ」

と言ったのはその社長でした。その後は退職者ゼロ、賛同する若手に成長の機会を与え、小さいながらも光が生まれました。

それから5年後、借入金38億円のうち20億円を返済しました。ＮＢＣ式資金改善術を導入した会社のなかでも、特に成功した社長のケースです。

▼身体から出る「体波」が違う

資金改善について研究を進めると、社長の資金に対する「自制」という考えに行きつきます。

自制とは、「自分の欲望や感情を抑えること」です。前述のとおり、社長が個人保証を結んだ瞬間から、会社と社長個人の財布は一つになります。そのため、自分の財布から出る資金については、つねにシビアになります。私が知る、資金を増やした社長のほとんどは、次のような資質を備えています。

・派手な行動はしない
・業界団体の役員にはならない
・質素であり、細かなことに厳しい

・銀行とは必要以上の付き合いをしない
・朝が早く、メールの返信が早い
・仕入れ・外注費・経費・限界利益率など管理の先頭に立っている

このように、物事についての分別があり、独特の世界観を持った社長がとても多いのです。「資金」というものは24時間365日動いていますから、認識即行動、スピードがすべてです。

銀行金利は365日間計算され支払っていますし、月額○万円という給与は休んでいても発生すると考えれば、おのずと行動に表れ、「体波」として出ていくのでしょう。

そういった社長は、目が輝いていて、眼力があり、晴れ晴れとした表情、声が高い、情熱があり輝いていています。

第4章

倒産しない企業体質をつくる資金改善術

NBC式資金改善術

次のステップで資金改善を行います（次ページの図を参照）。

▼1：全社員へのアンケート調査

記名（場合によっては匿名＊）式で、他の社員には一切開示されないことを前提に本音を記載いただきます。

【設問項目例】
①現状の会社および所属している部門の問題点を上げてください
②ご自身の仕事のなかで、次のように感じられたこと、あるいは感じていることを教えてください
［面倒なこと／やりにくいこと／疲れること／バカらしいと思うこと／これでは儲からないと思うこと／腹が立つこと……など］

NBC式資金改善術

次のステップで資金改善を行います

1 全社員へのアンケート調査

※記名（場合によっては匿名）式で他社員には一切開示されないことを前提に本音を記入いただきます

【 設問項目例 】

①現状の会社および所属している部門の問題点を上げてください

②ご自身の仕事のなかで次のように感じられたこと、あるいは感じていることを教えてください

面倒なこと・やりにくいこと・疲れること・バカらしいと思うこと・これでは儲からないと思うこと・腹が立つこと…など

2 個別面談

個別面談は、アンケートで特に厳しく、タイムリーな指摘をした社員の方（殊に、会社に対し批判的な社員）から優先的に実施します。その理由は、会社へ批判的な社員がやる気になれば、大きな成果が出る可能性があるからです。

資金難の会社の幹部は「当社の社長は優しいです。仲間を大切にします。社員はとても仲が良く…」などと記載してきます。「企業の倒産の前に精神の倒産がある」「鯛は頭から腐る」と言いますが、組織のトップがだめだと、その影響が徐々に組織に蔓延していきます。そうした意味で、会社に批判的なことを率直に回答してくる社員には期待ができるのです。

3 資金改善委員を任命

アンケートと個別面談の内容を踏まえ、役職に関係なく相応しい社員を資金改善委員に任命します。資金改善委員会は現状の組織体制を壊し新たに組織化するのではなく、小回りが利くようエリア･小集団の中で展開します。たとえば、残業撲滅委員・外注委員・クレーム対策委員・経費削減委員など、委員は現状の問題点を改善する責任者として起用されます（権限移譲し責任を明確にする)。委員会活動事例：残業は原則禁止。忙しければ全員で応援して就業時間内に終わらせることを原則とします。

○残業は原則禁止

忙しければ全員で支援して就業時間内に終わらせることを原則とします。

○13時に全社員集合

本日残業が発生する可能性がある人に挙手をさせ、そのほかの社員に委員から支援を指示します。こうした取り組みの結果、無駄な残業をなくし全員で生産性を高めることに成功しています。

○外注コストを下げて社内で内製化

繁閑関係なく、年間を通じて外部に配送業務を発注することが「当たり前」になっている会社がありました。

外部への発注は必ず委員の許可を得ることとし､極力内製化を実施。さらに､内製化によって削減したコストに対し、報奨金を支給することにしました。

4 社員の意欲･動機付けシステム（褒賞金制度）を新設･運用

残業せずとも生産性が上がれば、残業代以上の褒賞金を支給することが可能な制度をつくります。外注費の一部を社員へ還元するなど、委員が軸となり資金改善に対する取り組みをきちんと評価する仕組みをつくり運用します。

社員に2つの目標を与えます

①下限目標…ここまでは達成しなければ給料を維持できませんという目標。

②評価目標…下限目標を超えた目標。資金・利益に貢献した場合に支給される褒賞金。賞与に加算。

この2つの目標と実績を、個人・チームごとに見える化することで意識を高め合います。

5 クレームゼロ運動の実施

クレーム（ミス）カードを活用し、全社員に共有します。一人のクレーム（ミス）は全員のクレーム（ミス）という意識を持って改善活動につなげます。

6 成功体験カードの運用

従来の仕事のやり方を改善し、成果を上げた社員には成功体験カードを提出いただき、全社員で共有します。良い取り組みを水平展開し改善を全体のものとするための仕掛けです。

▼2：個別面談

個別面談は、アンケートで特に厳しく、タイムリーな指摘をした社員の方（殊に、会社に対し批判的な社員）から優先的に実施します。その理由は、会社に批判的な社員がやる気になれば、大きな成果が出る可能性があるからです。

資金難の会社の幹部は「当社の社長は優しいです。仲間を大切にします。社員はとても仲が良く……」などと記載してきます。「企業の倒産の前に精神の倒産がある」「鯛は頭から腐る」と言いますが、組織のトップがだめだと、その影響が徐々に組織に蔓延(まんえん)していきます。そうした意味で、会社に批判的なことを率直に回答してくる社員には期待ができるのです。

▼3：資金改善委員を任命

アンケートと個別面談の内容を踏まえ、役職に関係なく相応(ふさわ)しい社員を資金改善委員に任命します。資金改善委員会は現状の組織体制を壊し新たに組織化するのではなく、小回りが利くようエリア・小集団の中で展開します。

たとえば、残業撲滅委員・外注委員・クレーム対策委員・経費削減委員など、委員は現状の問題点を改善する責任者として起用されます（権限移譲し責任を明確にする）。

【委員会活動事例】

◎残業は原則禁止：忙しければ全員で支援して就業時間内に終わらせることを原則とします。

◎13時に全社員集合：本日残業が発生する可能性がある人に挙手をさせ、そのほかの社員に委員から支援を指示します。

こうした取り組みの結果、無駄な残業をなくし全員で生産性を高めることに成功しています。

◎外注コストを下げて社内で内製化：繁閑関係なく、年間を通じて外部に配送業務を発注することが「当たり前」になっている会社がありました。

外部への発注は必ず委員の許可を得ることとし、極力内製化を実施。さらに、内製化によって削減したコストに対し、褒賞金を支給することにしました。

▼4：社員の意欲・動機付けシステム（褒賞金制度）を新設・運用

残業せずとも生産性が上がれば、残業代以上の褒賞金を支給することが可能な制度をつくります。外注費の一部を社員へ還元するなど、委員が軸となり資金改善に対する取り組みをきちんと評価する仕組みをつくり運用します。

社員に２つの目標を与えます。

①下限目標：ここまでは達成しなければ給与を維持できませんという目標。

②評価目標：下限目標を超えた目標。資金・利益に貢献した場合に支給される褒賞金。賞与に加算される。

この２つの目標と実績を、個人・チームごとに見える化することで意識を高め合います。

▼5：クレームゼロ運動の実施

クレーム（ミス）カードを活用し、全社員で共有します。一人のクレーム（ミス）は全員のクレーム（ミス）という意識を持って、改善活動に繋げます。

▼6：成功体験カードの運用

従来の仕事のやり方を改善し、成果を上げた社員には成功体験カードを提出いただき、全社員で共有します。良い取り組みを水平展開し改善を全体のものとするための仕掛けです。

社長はどちらを選択しますか？

「勘定合って銭足らず」の経営をしたくなければ、利益が増えたらそれ以上に資金が増える経営をしなければなりません。

たとえば売上10億円、限界利益率30％の会社の場合、売上を10％下げ限界利益率を10％上げた場合と、売上を10％上げ限界利益率を10％下げた場合の利益はほぼ同じです。しかし、資金には差が生じます。

資金を減らす経営とは、利益率を下げてでも売上を上げる経営です。売上は同業者との競争を意味します。よって、安売りに陥ることになり、それが資金を減らす最大の原因です。なぜなら、売上が上がれば原価高になり、売上が上がれば在庫も増え、仕入れも増え、売掛金も増えるからです。

つまり運転資金が不足し、利益率を下げることで原価高となり、経費も投資も必要になるということです。売上を上げる経営とは、本来何も良いことはないのです。

ところが、先述したように社長が資金の増やし方がわからず、資金を増やすことと資金を回すことを混同している場合、売上偏重の経営をしてしまうのです。
しかしそれでは、運転資金が不足し、金融機関からの借入金に依存することになります。それればかりでなく、いつまでも借入金は返済できず、金利のみを払い続ける負のスパイラルに陥ります。

他方、資金が増える経営とは、売上を下げて、利益率を上げる経営です。手っ取り早い方法としては、利益率の低い仕事を断ることで平均利益率を上げ資金を増やします。営業社員には自身が担当する取引先の売上・限界利益率・限界利益額の実績を集計させ、次にランキング表を作成させます。
そして、限界利益率が最も低いランキング下位の会社の売上を10%下げるというシミュレーションを行います。すると、営業社員は「あれ？　利益率が高くなっている？」と気づきます。このようにして、売上を下げて資金を増やす経営のコツを、営業社員一人ひとりに体感させるのです。

同じ商品を販売しているライバル会社間でも利益率は異なります。売上は他の会社と比較できますが、利益率は仕入れ方、売り方など会社の体質であり、社長の決断の結果を表すものです。最終的に利益率の格差が資金の格差となって表れます。

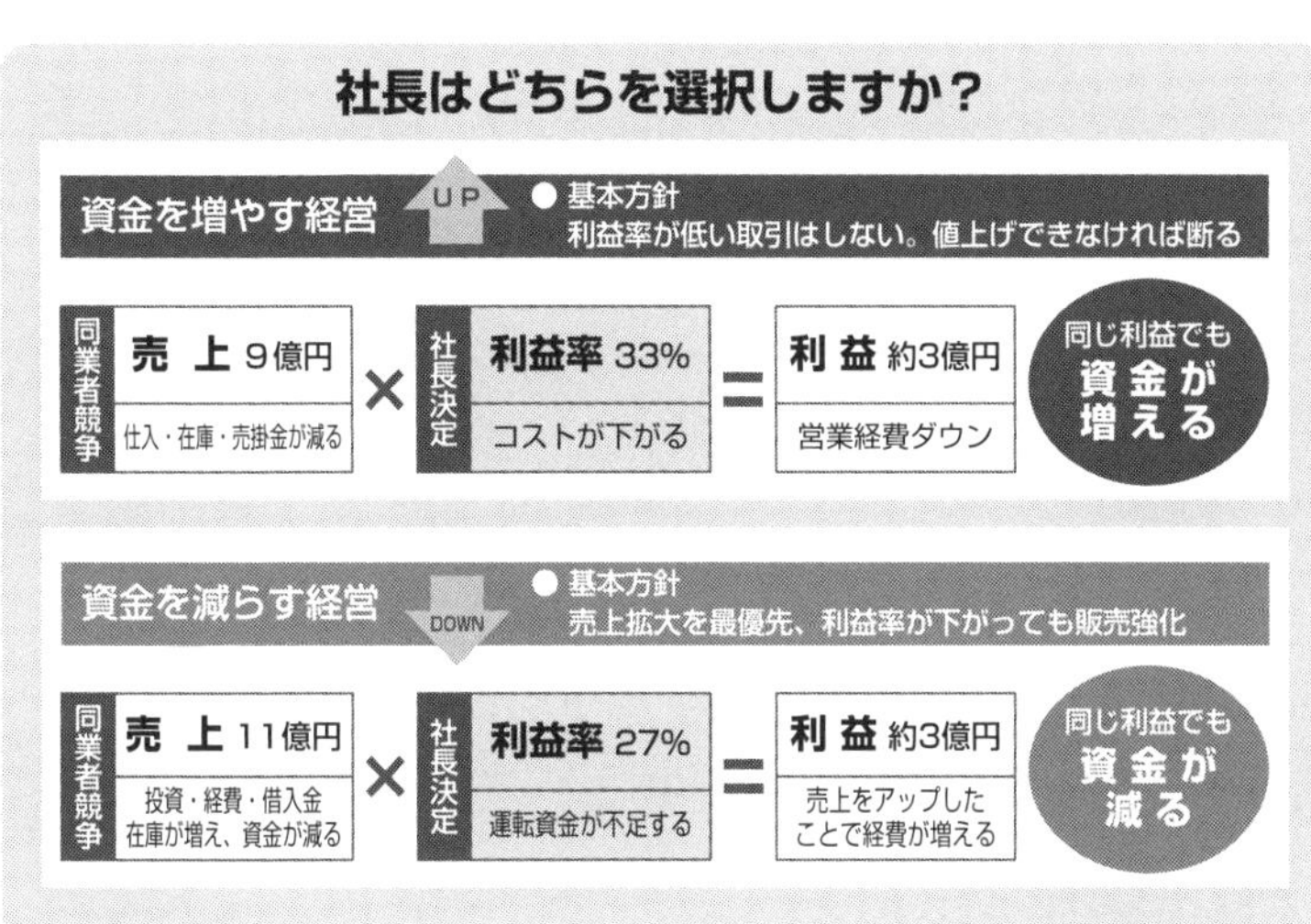

同じ業界、同じ商品でも一流企業が販売する商品は高くても売れます。単価が高ければ資金が増え、増えた資金で投資するという好循環で、さらに会社は成長するのです（上の図を参照）。

資金はなぜ減るのか？

繰り返しになりますが、売上至上主義の社長、たとえば「売上は社長の心を癒す」とか「売上を上げることが成功者だ」とイメージしている社長は倒産予備軍です。

NBCが開発した「瞬間くん®システム」は資金の増減とその原因を分析します。この会社は売上前年対比115%成長して利益を上げた会社です（左ページの図を参照）。社長は「売上が伸びているのになぜ資金が減るのかわからない」と相談にいらっしゃいました。

利益が1981万4000円増加しても、そこから生み出された資金は「運転資金（売上債権－支払債務）のショート」と「固定資産の取得」によって相殺されています。運転資金をショートさせた要因は、売上を上げたことで売掛金や在庫が増えたことにあります。これが「勘定合って銭足らず」の経営です。

常に資金が不足する会社は、売上が上がれば上がるほど運転資金が不足する傾向にあります。そのため借入金依存・支払手形振出というモルヒネを打っ

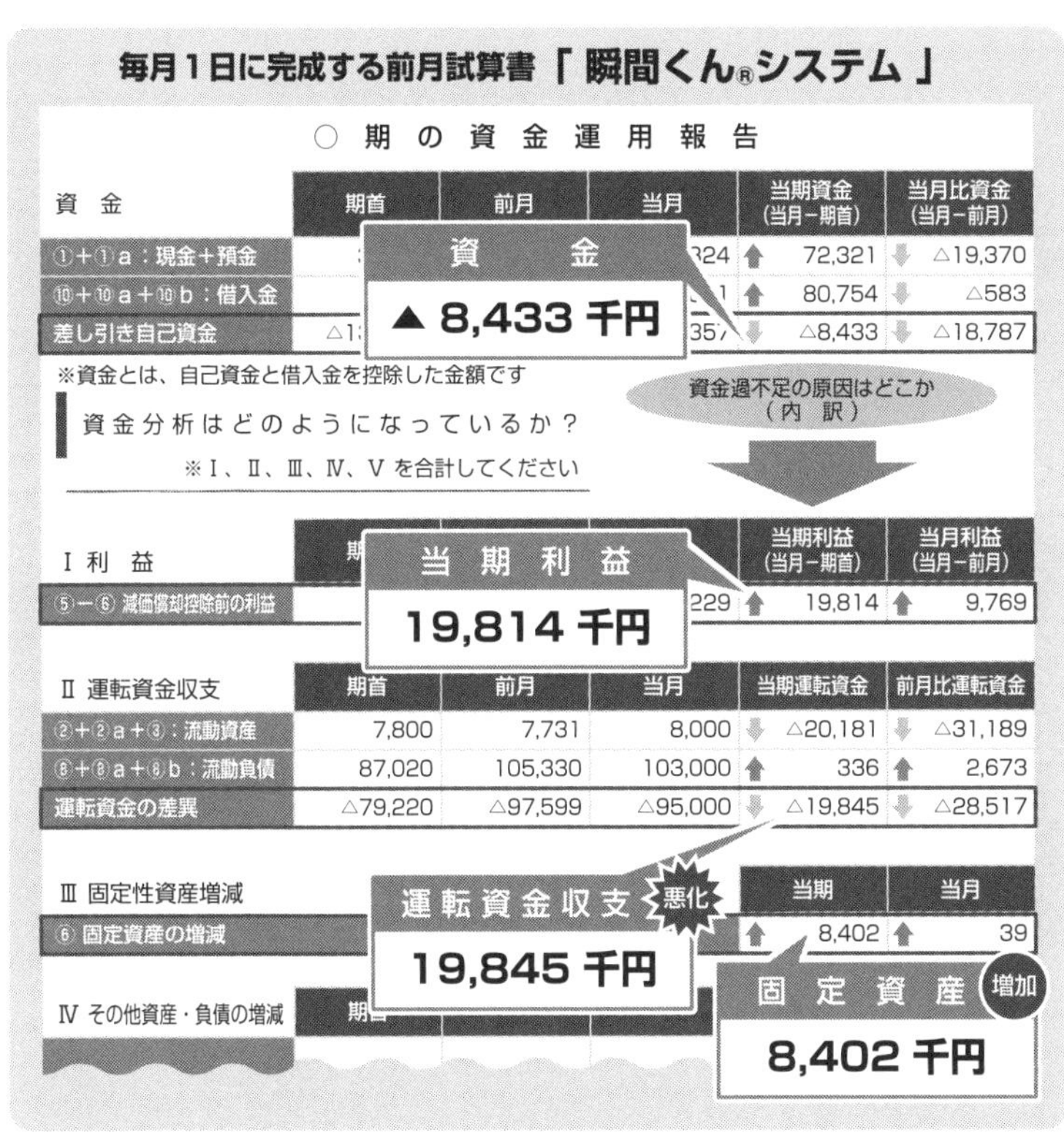

毎月1日に完成する前月試算書「瞬間くん®システム」
○ 期の資金運用報告
資 金
期首
前月
当月
当期資金（当月−期首）
当月比資金（当月−前月）
①+①a：現金+預金
72,321
△19,370
⑩+⑩a+⑩b：借入金
80,754
△583
差し引き自己資金
△8,433
△18,787
資 金
▲8,433 千円
※資金とは、自己資金と借入金を控除した金額です
資金分析はどのようになっているか？
※Ⅰ、Ⅱ、Ⅲ、Ⅳ、Ⅴを合計してください
資金過不足の原因はどこか（内 訳）
Ⅰ 利 益
当期利益（当月−期首）
当月利益（当月−前月）
⑤−⑥ 減価償却控除前の利益
19,814
9,769
当 期 利 益
19,814 千円
Ⅱ 運転資金収支
期首
前月
当月
当期運転資金
前月比運転資金
②+②a+③：流動資産
7,800
7,731
8,000
△20,181
△31,189
⑧+⑧a+⑧b：流動負債
87,020
105,330
103,000
336
2,673
運転資金の差異
△79,220
△97,599
△95,000
△19,845
△28,517
運転資金収支
悪化
19,845 千円
Ⅲ 固定性資産増減
当期
当月
⑥ 固定資産の増減
8,402
39
固 定 資 産
増加
8,402 千円
Ⅳ その他資産・負債の増減

て、運転資金を回すこととなります。

このモルヒネは一度打つとやめられなくなり、慢性的に資金が足りない現象を引き起こすのです。

▼資金難・倒産の多くは、売上拡大による運転資金の不足が原因

資金難の社長は、その原因が利益率が低いことだとは考えていません。そのため、資金難の解決策を売上アップと位置付け、利益率を下げて売上拡大に走り、それでも資金難が続けば不正な取引や高利からの融資、顧客を裏切る行為に走る社長もいます。残念でなりません……。

▼資金は社長の決断力のバロメーターである

私は長い期間をかけて資金難の会社・倒産した会社を題材に、中小企業の資金改善術を研究してきました。題材にしたどの会社も一様に「売上を追い求めることのリスク」をご存じありませんでした。

利益率の低い取引をやめた結果、利益率が高くなり資金が増えるとしたら、どの会社も資金が増え倒産という悲劇を免れることができたはずです。

私は「日本から倒産をゼロにする」という志のもと、中小企業社長に売上を下げて利益

率を上げることが資金改善の方法であることを説いていますが、さまざまな事例を交えてお話ししても、なかなか改革に踏み出してくださらない社長が多くいらっしゃいます。

それは、これまでの経営とは正反対であることゆえの躊躇でしょう。頭ではわかっているものの、やはり売上を下げることをためらう社長には、「売上を下げて限界利益率をアップすることのメリット以上に、売上拡大のデメリットに目を向けていただきたい」とお伝えしています。そういった社長は会社の規模で価値を比較する傾向にありますが、私はその考え方こそ間違っていると思っています。

本来、社長あるいは会社の価値は、外からは見えない自己資金、他には負けない技術力、社員の帰属意識、お客様からの信頼などにこそあるのです。

「失敗の最大の原因は、売上拡大に価値基準を置き、全精力をかけてきたことにあります」「多額の在庫を抱え、600億円の利益を計上しながら運転資金の不足から倒産しました」。このような社長が実際にいらっしゃいました。売上を拡大することがいかに危険なことか、計りしれないものがあります。

資金を増やす3つのステップ

利益率を改善し、資金を増やすことを体質化するための改革は、次の３つのステップで進めます（左ページの図を参照）。

▼ステップ１：資金を減らした赤字の犯人を捜す

先に述べたように、利益率が低い取引は資金・利益を減らす原因になります。利益率が低い取引でも、作業量や配送コストなどに大きな違いはありません。つまり、利益率が低い取引だからといって、人件費や経費が安く抑えられるわけではないのです。

結果、利益率が低い取引が増えれば運転資金が不足し固定費をカバーできなくなります。そのため、値上げをするか、利益率の高い取引を増やすか、利益率の低い取引先は取引を中止するなどの対策を講ずる必要があります。必要経費を細かく書き出し、その上で適正利益の確保を前提とした見積書の作成など、早急に取り組まなくてはなりません。

申し上げるまでもありませんが、資金を減らした犯人は社内におり、一番の問題は「儲からなくてもいい、売上を上げろ」という社長のメッセージ、そして社風にありま

資金を増やす3つのステップ

ステップ①

資金を失っている「赤字の犯人」を探せ

現在の取引先で利益率の低い取引先はどこか
利益率の低い商品は何か
人件費、残業代など…利益率が低くても
経費は同じだけかかります

赤

利益率が低い得意先・商品は、値上げをするか取引を中止しましょう

ステップ②

既存先対策 利益率の高い営業展開

利益率アップ＝資金増加

見積もり制作の仕方、提案型営業などから
利益率の高いビジネスへ転換します

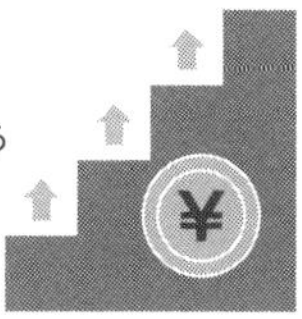

ステップ③

自社の強みを活かしたビジネス展開

高い利益率を確保する得意先を開発します

規模が小さい会社で
単品でも注文でも構いません

す。それだけに、資金改善に向けた社長の強いリーダーシップが必要です。

▼ステップ2：利益率を高くする施策

資金不足の会社は、概して業績を社員に公開していません。人件費・経費・今月の借入金返済額、今の利益率をいくら改善すれば資金不足を解消できるのか……。社長自身が資金に関することを経理に一任し、理解していないケースが大半を占めています。

社長に利益率を改善する意識はなく、資金が足りなくなると「売上を上げろ！」と指示します。指示された社員たちは、売上確保のために利益率を下げてでも売上アップに注力するのです。これが悪循環を招くことは、ここまで繰り返しお伝えしてきました。ここで1つの事例をご紹介します。

【事例】

食品卸売業、5年間で自己資金1億円増！

NBCからこの会社の社員に、「利益率を高める方法は値上げだけではありません。良質で利益率の高い商品・サービスを提供することです」と提案しました。しかし、社員は

「そんなことをしたら顧客が離れていく！」と猛反発。そこでまず、お客様に満足度アンケートを実施することにしました。

すると、多くのお客様から「土・日・祝日の忙しいとき、材料が不足する」といった声が寄せられました。この企業では「土・日・祝日は、同業者も配送をしていないだろう」との理由から、土・日・祝日の配送サービスは行っていませんでした。そこで、他社との差別化を図り利益率を上げるために、土・日・祝日の配送サービスを開始しました。

また、商品に関するニュースレターを発行し、そこで利益率の高い商品を紹介しました。あわせて、その商品を用いたレシピやお薦めする際の説明の仕方などを掲載しました。

こうした取り組みが功を奏し、５年間で自己資金が1億円増えました。

【事例】

年商1億円、自己資金90万円だった会社が3年間で自己資金を５０００万円増やした！

この会社は、大手の取引先からの受注をメインにしたサービス業です。ご縁をいただいた当時、創業から25年経過していましたが、自己資金はわずか90万円という状況でした。

社長は営業が苦手で、大手取引先からの受注に依存していました。資金が増えず困った社長は、ＮＢＣに相談に来られました。早速調査を開始すると、驚くべきことが判明しま

見積書の改善前・改善後

改善前の見積書

現場一式	2,200,000円
外注費	1,150,000円
利　益	1,050,000円
利益率	47.7%

改善後の見積書

設計図	300,000円
作業代	3,500,000円
機械損料	520,000円
管理費	520,000円
合　計	4,840,000円
外注費	1,500,000円
利　益	3,340,000円
利益率	69.0%

した。すべての受注案件別の個別原価・利益を計算してみたところ、なんとその半分は経費を控除すると赤字だったのです。それでも受注していたことがわかりました。

改善策1：受注ごとに利益はいくらになるか、資金はいくら増えるかを明確化した。
改善策2：赤字になる仕事はしないことに決めた。

現行の見積もりの仕方を改め、作業を細かく記載して利益率を高めた。

弱腰の社長に対しては、「これまでの関係性があります。そう簡単に取引を打ち切られることはありません」「仮に、それで取引を打ち切られるようなことがあれば、新規先を探せば良いのです」と、背中を押し続けました。適正な利益を確保しなければ会社は存続できないことを繰り返しお伝えし、改善していきました。

その結果、初年度で利益率が20％アップし、自己資金2000万円増、3年間で自己資金が5000万円増えました。

売上を優先して資金不足に陥った会社によく見られる見積書は「〇〇一式いくら」と、事前に決められた取引先からの指示価格に合わせたと思われる金額を記載しているものです。（右図参照）これでは絶対に儲かりません。取引ごとに材料費・販売管理費・借入金返済額などを考慮し、必要利益を計算して見積書を作成すべきです。

▼ステップ3：自社の強みを活かした営業展開

次のような現象が発生したら、経営の仕方を見直さなければなりません。

□残業が多い
□資金が増えない
□労働分配率が高い
□営業利益率が低い

【事例】

売上の70％を大手取引先が占めていた会社

「忙しいのに、なぜ資金が増えないのか。儲からないのか。なぜ、残業が多いのか……」と思い悩まれている社長に、追い討ちをかけるような出来事がありました。元社員から労働基準監督署を通じ、未払残業代２５０万円の請求が届いたのです。結果、２５０万円を支払った社長は激しく落ち込み、廃業することも考えられていました。しかし、今の借入金は返済できそうにない状態です。

そんな折、ＮＢＣの【社長のための資金と人を活かす研修会】を受講されました。そこで、「資金不足＝売上拡大＝利益率低下・残業増加＝儲からない」構造を学ばれ、事態を打開すべく資金改善に立ち上がったのです。

まず、利益率を高めるためにどの会社と取引をするかの検討からスタートしました。社長の出した結論は、それまで大手取引先を優先するあまり断ってきた、利益率が高い手間のかかる小さな会社と取引をすることでした。

社長が営業の先頭に立ち新規開拓に挑戦した結果、売上は20％ダウンする一方で、当時24％だった利益率を32％に改善させました。そのことから仕事量は減りましたが、利益と

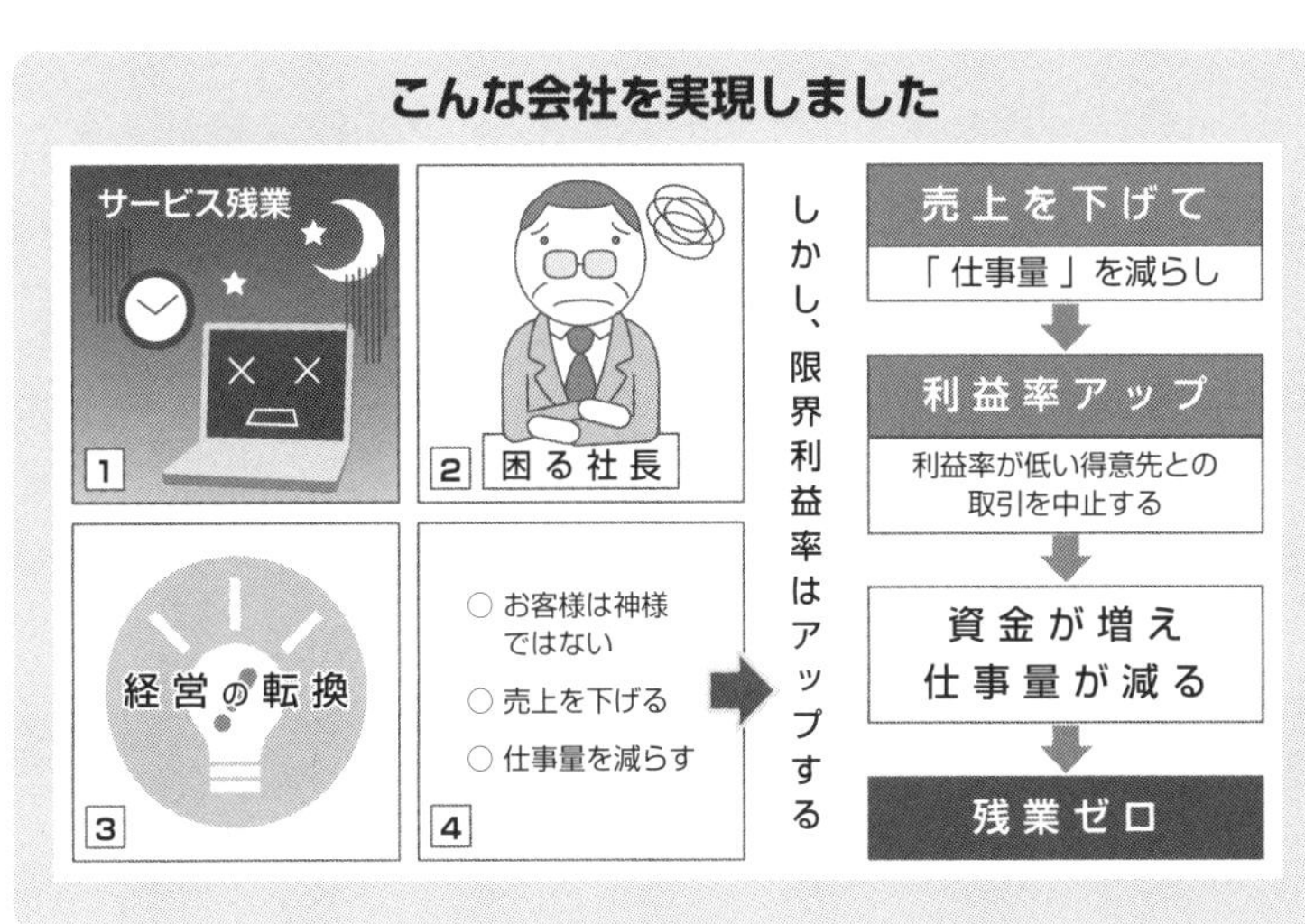

資金が増えました。もちろん、悩みの種であった残業も大幅に削減できました。

社長は「なぜ、このことに早く気づき行動に移すことができなかったのでしょう。悔やまれます。しかし今は、毎月確実に資金が増え、社員は早く帰宅します。これほど嬉しいことはありません。最高です」と手紙をくださいました。

資金改善に成功した会社の多くは、自社の強みを活かして利益率を高めて仕事量を減らし、その結果、大幅に資金を増やしています。

一万円札に色をつける?

預金残高が10億円ある会社と1億円ある会社の、どちらが良い会社でしょうか?
多くの方は「10億円ある会社に決まっているでしょう!」とお答えになると思います。しかし、預金の中身が重要です。この10億円が実は運転資金で、今月仕入先へ支払う資金2億円と、残りすべてが金融機関からの借入金だったらどうでしょう。実質自社の預金はゼロの会社です。他方、預金残高が1億円の会社は、金融機関の融資を受けず、すべて自己資金で経営していたとしたらどうでしょうか。

たとえば、金融機関からの融資は赤色、運転資金は黄色、自社で儲けた資金は青色と色がついていれば、返済しなければいけない借入金や仕入先に支払う資金が一目瞭然で、社長が判断を誤ることもないでしょう。ところが、残念ながら一万円札に色はついていません。

判断を誤らず、正しく資金を識別いただくために、NBCでは「借入金分析くんシステム」で資金を区分して表示しています。

NBCが開発した「借入金分析くんシステム」

売上を拡大すると、設備の入れ替えや工場の増設など金融機関から融資を受けて固定資産を取得する必要が出てきたり、運転資金が不足するために融資を受ける必要が出てきたりします。

こうしたことで、過去に儲けた資金なのか、資本金なのか、借入金なのか、資金の区別がつかなくなります。金融機関も健全な会社に多く融資したいため、融資額を増やす提案を行います。金融機関のそうした対応に、社長は「当社をそこまで応援してくれるのか」と気分を良くして過大な融資を受け、潤沢な資金に安堵するのです。

余った借入金は預金となり、金利を払っている金融機関に預けるというおかしな構図となります。金融機関は、その預金を他の取引先へ融資してビジネスを展開しているのです。

◎表面金利と実質金利

表面金利とは、金融機関からの借入残高に対して発生する金利のことです。

支払利息÷借入金で計算されます。

一方、実質金利は、支払利息÷（借入金－預金＝実質融資した借入金）で計算されます。表面金利が1％でも、実質金利は3％にも4％にもなるため注意が必要です。

【事例】 借入金18億円、ここまで借入金は必要ない

こちらの会社は年商40億円、自己資本比率32％、預金5億円、総資産38億円、借入金18億円、純資産12億円、毎期利益を5000万円計上している優秀な会社でした。社長は売上を拡大するために、研究開発への投資、不動産取得、さらに全国に拠点をつくり、海外にも進出し積極的な経営をされていました。

しかし、借入金18億円に対する返済は3期間でわずか5000万円……。事業承継をする時期になって初めて、借入金の多さに気づかれたのです。

【シート1】（左ページの図を参照）

「借入金分析くんシステム」で、この会社の借入金は18億円、預金5億円のすべてが借入金という事実が判明しました。創業65年にもかかわらず自社が保有する預金はゼロ、この事実に社長は大変驚かれ「資金重視の経営はしてこなかった」とうつむかれました。危機感を抱いていたのは経理の責任者だけでした。幹部にさえ借入金がいくらあるかを知ら

シート1　借入金分析くんシステム

「預金５億円」はすべて借入金！

前期　　　　　　　　　　　　　　　　　　　　第65期　　　単位：千円

	①資　産	②負　債	③純資産	借入金…(①−②−③)
運転資金	1,489,072	515,409		973,663
固定資産（有形）	1,420,513		1,216,143	204,370
保険積立金資産	353,541			353,541
その他科目	81,878	271,358		▲189,480
合　計	3,345,004	786,767	1,216,143	1,342,094
現預金	509,712		0	509,712
借入金		1,851,806		▲1,851,806
BS合計	3,854,716	2,638,573	1,216,143	0
構成比	100%	68%	自己資本比率 32%	

当期利息　14,853

科　目	借入金使途	構成比	支払い利息負担額
運転資金不足額	973,663	53%	7,810
固定資産取得	204,370	11%	1,639
主要資産	353,541	19%	2,836
その他科目	▲189,480	−10%	−1,520
（事業用借入金）	1,342,094	72%	10,765
現預金	509,712	28%	4,088
借入金合計	1,851,806	100%	14,853

※支払利息は、借入金の構成比で表示してあります

現預金509,712千円ですが
借入金からの預金率は100.0%
（509,712千円）です

せていなかったそうです。
社長は普段から幹部に「金融機関がいくらでも支援してくれる。売上を上げることには手を抜くな」と発破をかけていたと振り返ります。
5億円の預金には、金融機関の金利408万円がかかります。4年間で1632万円……。借入資金を預金し、その預金に金利がかかる、これほど馬鹿らしいことはありません。残念ながらこれが、社長が自己資金を増やすことに無関心であったことの結果です。

利益が出ても
資金が増えない犯人は
運転資金である。

【シート2】 借入金が必要な理由と返済できない要因分析（左ページの図を参照）
4期間の借入金残高の内訳を表示したところ、借入金残高のうち運転資金が締める割合が50%を超えていることがわかりました。
借入金18億円のうち、運転資金9億円。これではいくら利益を計上しても、資金が増えることはありません。
さらに運転資金不足に拍車がかかり、いくら利益を計上しても借入金返済はできません。

シート2（1）　借入金分析くんシステム

4期間、見えてきた借入金が必要な理由

過去4期間の借入金要因分析

単位：千円

借入金資金使途内訳表から転記　　資金運用実績分析

		4期前①（第62期）	3期前②（第63期）	2期前③（第64期）	前期④（第65期）	④−① 4期前増減	④−② 3期前増減	④−③ 2期前増減
借入金の内訳	借入金残高照会	1,858,701	1,942,083	1,816,060	1,851,806	▲6,895	▲90,277	35,746
	運転資金	803,914	825,369	826,261	973,663	169,749	148,294	147,402
	固定資産	260,747	210,429	177,794	204,370	▲56,377	▲6,059	26,576
	主要資産	390,448	438,523	358,031	353,541	▲36,907	▲84,982	▲4,490
	その他科目	▲207,861	▲116,580	▲114,660	▲189,480	18,381	▲72,900	▲74,820
	合　計	1,247,248	1,357,741	1,217,426	1,342,094	94,846	▲15,647	124,668
	現預金	611,453	584,342	598,634	509,712	▲101,741	▲74,630	▲88,922
	手許現預金率	0%	0%	0%	0%			

シート2（2）　借入金分析くんシステム

減らない借入金

その理由は、売上を追い求めてきた結果からの運転資金不足

利益を上げても資金は運転資金不足。そのため借入金返済が出来ない
「勘定合って銭足らず」の経営

年　度	借入金
第62期	1,858,701

▶

年　度	借入金
第63期〜第65期	減　少 6,895

▶

年　度	借入金
第65期	1,851,806

3期間　借入金増減合計表　　単位：千円

借入金残高	運転資金	固定資産	主要資産	その他科目	事業用借入金	現預金	借入金合計額
減少要因		56,377	36,907		93,284	101,741	195,025
増加要因	169,749			18,381	188,130		188,130
合　計	▲169,749	56,377	36,907	▲18,381	▲94,846	101,741	6,895

これは会社の体質であり、社長の金銭観、経営姿勢、経営体質を見事に表しています。金融機関から見捨てられたら、会社は倒産してしまいます。

4期間の累計売上160億円の会社が自社の預金がゼロ、借入金で会社が回っているという事態を社長は正面から受け止め、社長自身が先頭に立って改善しなければなりませんでした。

このような傾向の会社には、次の共通点があります。

①固定資産の投資が大きな会社、純資産以上に投資する会社
②債務超過、赤字が続くと自己資金が消え、借入金依存となる会社
③手元の預金残高は多いが借入金依存度が高い会社

【シート3】（左ページの図を参照）

運転資金の改善ポイントは、限界利益率を高める営業を行うこと、在庫を徹底的に管理し減らすこと、回収サイトの遅い会社とは取引しないことなどが挙げられます。

運転資金が不足したからといって支払手形を振り出したり、金融機関からの融資に依存したりすることはやめるべきです。これは先にお伝えしたとおり、モルヒネを打っているに過ぎず、一度行なうと何度も繰り返し、元に戻れなくなってしまうからです。

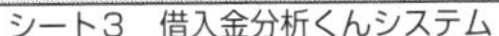

運転資金不足・借入金2億円

運転資金の計算

売上債権（売掛金・在庫・受取手形）－ 支払債務（買掛金・支払手形・未払金）→ この比率が適正であるか？

運転資金改善必要額計算シート　　単位：千円

記号	必須項目	計算式	金額	記号	必須項目	計算式	金額
①	1日あたり売上高		7,832	⑥	限界利益率		51.50%
②	売上債権残高		1,489,072	⑦	運転資金	②－④	973,663
③	同回転日数	②÷①	190日	⑧	立替率	⑤÷③	34.73%
④	支払債務残高		515,409	⑨	適正運転資金	②×⑥	766,872
⑤	同回転日数	③÷①	66日	⑩	改善運転資金	④－⑨	206,791

適正運転資金はいくらか？
改善しなければいけない運転資金の計算

③ 売上債権回転日数 190日 ×（1－⑥ 限界利益率 51.50%）＝ 標準支払サイト 92日

92(日)－（⑤ 現状支払サイト 66日 × ① 1日あたり売上高 7,832千円）＝ 206,791千円

対　策：回収サイトを早めるか、支払サイトを延ばす

その結果、適正な運転資金（売上債権＝支払い債務）は

⑦ 運転資金 973,663千円 － ⑩ 要改善運転資金 206,791千円 ＝ ⑨ 適正運転資金 766,872千円　となります

借入金使途

改善前（65期）
主要資産 353,541　8%
運転資金不足 973,663
18.52億円
現預金 509,712　92%

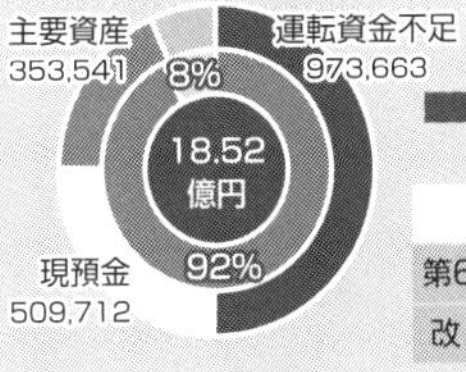

返済：206,791千円
利息：－1,659千円

	運転資金	利率	利息
第65期	973,663	0.8%	7,810
改善	−206,791	0.8%	−1,654

運転資金改善後
主要資産 353,541　18%
16.45億円
82%
返済 206,791

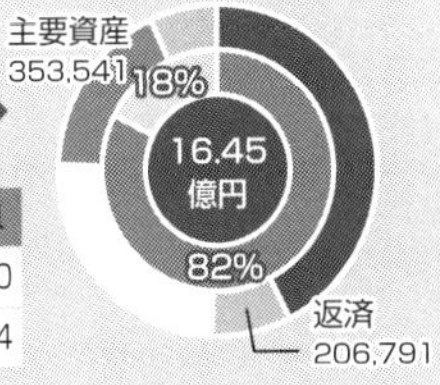

この企業の売上債権の回収サイトは190日でした。6か月です。異常としかいいようがありません。一方、支払債務の回転サイトは66日間で、運転資金は大幅にショートします。

支払いサイト66日÷回収サイト190日＝立替率34・7％

NBCでは、資金と利益の適正なバランスという観点において、この立替率は原価率を標準と考えます。

1－限界利益率＝48・5％

が標準です。

原価率48・5％－立替率34・7％＝13・8％

の資金ショートです。

金額に換算すると、2億6679万円となります。

借入金の利息では年間165万4320円が改善します。

【主な対策内容】

◎在庫

必要なときに必要なものを必要な分だけ購入する「当座買い」を行なう。ロットの購入は禁止し、単価が多少高くても、そのとき必要な分だけ購入する。

売上を下げて資金を30倍にする方法

5年間程度の基盤づくり

		管理・教育	資金額
1	利益率アップ	資金を増やす体質づくり ・コストダウン ・客単価アップ ・貢献した社員への褒賞金制度	年商 × 5年間 × アップした利益率 ＝ 増えた資金
2	経費を削減して資金を残す	経費削減する体質づくり ・科目ごとの経費削減対策 ・在庫管理 ・運転資金の管理	・年間目標設定 ・資金改善委員会設立
3	顧客対策	・信頼、サービスの差別化 ・利益率の高いビジネス	・得意先、商品の見直し

資金を　活かす

5年目以降は増えた自己資金を投資する

業務の拡大投資、不動産（不労所得確保）、関連事業の開業資金など

◎回収を早める

取引先で回収サイトが遅い会社には、担当者・管理者から堂々と詳細に事情説明し、早期支払いをお願いする。（回収が遅いことで利息がいくらになるのか）

◎仕入れの決済条件の見直し

支払条件を伸ばしていただけるようお願いする。

▼限界利益率の改善

改善前の年度（基準年度）の限界利益率を基準とし、利益率アップによって増えた資金を別の預金口座にて管理します。つまり、利益率改善からの資金増加の見える化です。

仮に会社を拡大して成長させるにしても、5年間の準備期間中に利益率を高めて自己資金を増やし、その増えた資金で未来投資を行なうといったステップを踏んでください。

不動産投資を除けば、借入金に依存せずに投資できる状態でなければ拡大してはいけません。

▼利益率を上げるためには

今までのお客様に対するサービスを強化して会社独自の顧客満足度を高める活動をしながら利益率が高い売上を推進する。

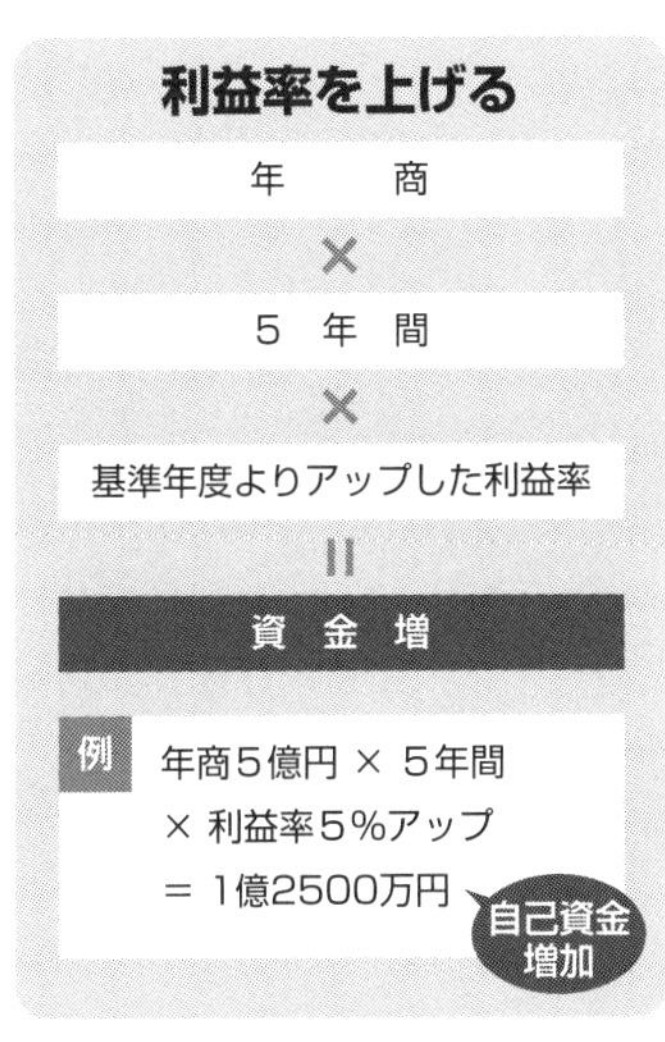

この5年間は単に自己資金を増やすだけでなく、利益率を上げることを習慣とし体質化する期間でもあります。

それには、これまでより高くてもお客様から仕事が取れるという信頼・信用を培うことが必要です。

また、意欲・動機付けのための給与制度と「労働分配率経営」の導入・運用もあわせて行う必要があります。

5年間のこうした取り組みにより、確実に資金が増えるほか、最大の成果は社長が「何をすれば資金が増えるか」を学び「利益率の高いビジネスへ転換することへの自信」を得ることだと考えます。

この学びと自信が、その後の会社の飛躍の礎となります。いわば、社長の「社長としての器づくり」の期間なのです。

簡単に増えた資金は簡単に消えるものです。しかし、苦労して稼いだ資金は生きた資金となります。無理な経営をせず、資金を確実に増やす経営を実践してください。

▼事例：15年前に支援した会社で自己資金20億円になった社長の姿勢

この会社は経営危機のときに「瞬間くん®システム」を導入して資金の増やし方を学んだ会社です。社長は毎月、自ら手書きで「瞬間くん®システム」を作成されました。その結果、15年間で無借金となり、預金を20億円まで増やされました。

私は「社長、ここまで成功したのですから、不動産を取得するとか、駅前にビルを建設するとか、何か検討なさったらいかがですか?」と提案しました。すると社長は「それはできません」と大きく首を横に振り、左ページの図のように続けられました。

「苦労して節約して増やした資金です。資金を生まない建物に投資するなら、資金を保有していたほうがベストと考えています」

売上を2倍にするためには、まずは投資をしなければなりません。

「売上が2倍になれば資金が2倍になる」

「売上が2倍になれば利益も2倍になる」

とおっしゃる社長がいますが、極めて安易な発想であり、そのようなことはあり得ません。利益が出たら納税が発生します。売上を増やすためには、設備投資や増員もしなければなりません。

資金を増やす「瞬間くん®システム」開発の目的

無理な経営をしないで、資金を確実に増やす経営を実践する

第一の容量

会社の容量

※会社の容量は決まっている。
無尽蔵に売上を拡大するのではない

前提として……毎月、毎日必ず支払わなければいけない固定費は決まっている（人件費・経費・借入金返済額など）。
固定費を意識した見積を作成。

利益率の低い売上が多ければ、固定費が支払えない。
「無理な売上」は残業が増え、経費が増え、在庫が増え……さらに運転資金が不足する。

第二の容量

社長の「ストレス」が溜まらない仕事量

売上を追い求めると、資金不足から「ストレス」が溜まる

売上至上主義は、
運転資金が不足して借入金が増え、手形発行して資金不足のモルヒネを打ち続ける

儲けたと思ったが決算を締めたら資金不足で赤字経営

社長にはいろいろなタイプの方がいますが「仕事のことなら誰にも負けない！」という職人・技術屋や「売上を毎年20％伸ばしている！」という熱血漢の営業マンタイプの社長は、真っ先に仕事に惚れて、利益・資金からの経営には惚れない方が多いと感じます。

また、売上を重視するあまり視野が狭くなり、資金不足・赤字経営に陥る一方で、その原因がわからず余計に売上に走ってしまいます。このような社長に資金不足の原因について尋ねると「資金のことは経理に任せています」と口を濁し、大体はその後「売上が少ないからでしょうね」とおっしゃいます。

本来は取引1件ごとに「この仕事は儲かった」「この仕事は赤字だった」という識別ができるはずです。もし、識別ができたら赤字になることも、儲からない仕事をすることもありません（次ページの図を参照）。

先にも述べましたが、会社は月次・年次の人件費、経費、借入金返済額が決まっています。本来は1日単位で決まっているのです。この費用は営業の有無に関係なく発生します。

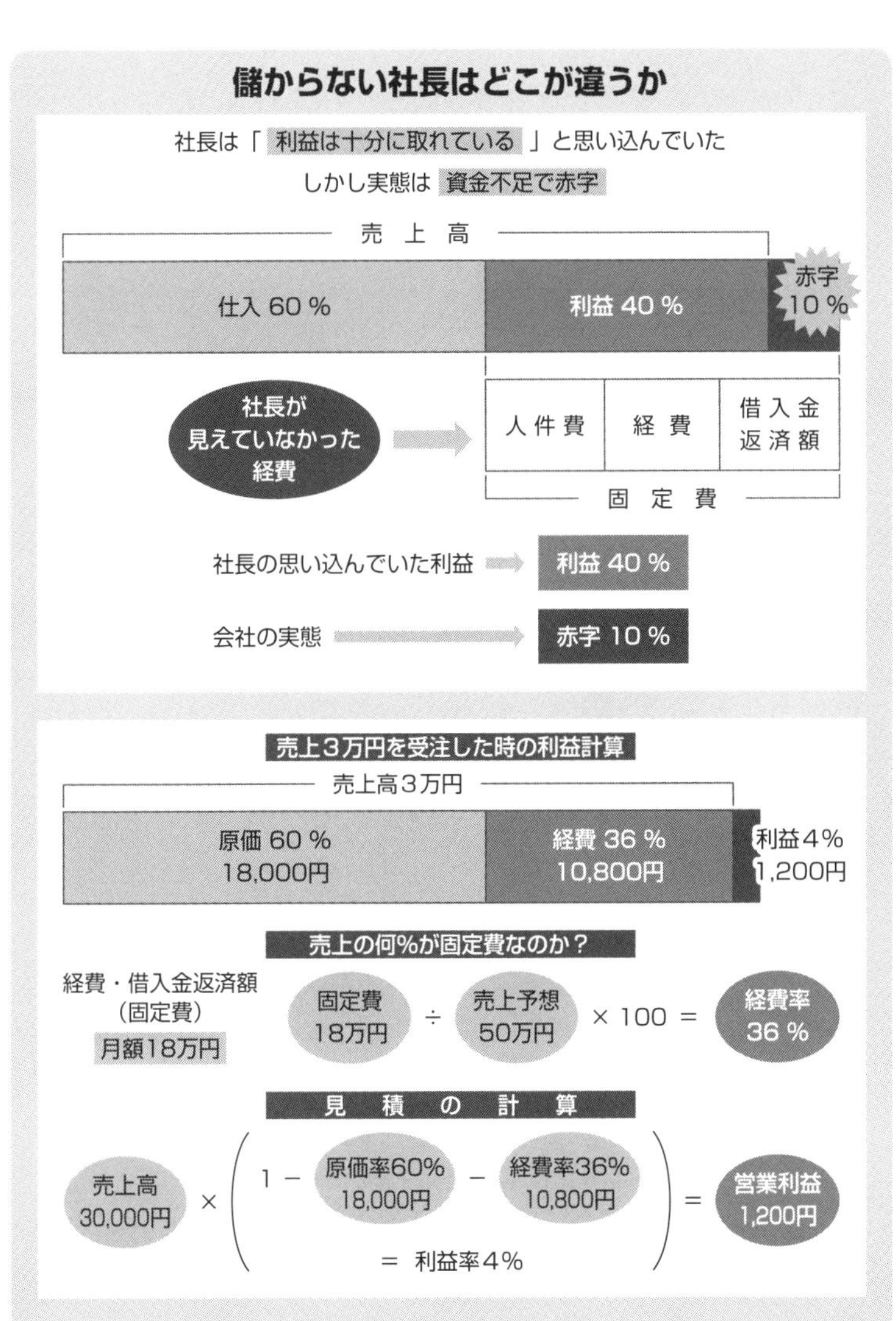
儲からない社長はどこが違うか
社長は「利益は十分に取れている」と思い込んでいた
しかし実態は 資金不足で赤字
売上高
仕入 60％
利益 40％
赤字 10％
社長が見えていなかった経費
人件費
経費
借入金返済額
固定費
社長の思い込んでいた利益
利益 40％
会社の実態
赤字 10％
売上3万円を受注した時の利益計算
売上高3万円
原価 60％ 18,000円
経費 36％ 10,800円
利益4％ 1,200円
売上の何％が固定費なのか？
経費・借入金返済額（固定費）
月額18万円
固定費 18万円 ÷ 売上予想 50万円 × 100 ＝ 経費率 36％
見積の計算
売上高 30,000円 × （1 − 原価率60% 18,000円 − 経費率36% 10,800円 ＝ 利益率4％）＝ 営業利益 1,200円

前ページの図のように、固定費が月18万円、当月売上予想額が50万円であれば固定費の割合は36％となります。見積書を作成する際には、売上3万円－直接原価1万8000円－固定費（売上3万円×36％＝1万800円）＝営業利益1200円という計算をした上で作成しなければなりません。

資金不足・赤字経営の会社に共通することは、受注時に原価は計算するものの、一件一件の仕事に対し人件費・経費・借入金返済額がいくらになるかを計算していないという点です。だから「働けど楽にならず」が続くのです。

「価格改定・値上げをしたらお客様が離れてしまう」と決めつけている会社は、普段から顧客の絶対的な信頼を得ていないと言っていいでしょう。

信頼されていれば、値上げの理由を詳細に説明して理解を得ることができるのです。この時点で値上げを拒否されるようであれば、会社の商品やサービスの付加価値について改めて説明し、ご納得いただければ良いのです。大前提として、それ相応のサービスを提供している必要があります（左ページの図を参照）。

資金を残して増やす４つの条件

1	**データのスピード化** 資金を増やすには データのスピード化 がすべて！ 翌月１日には前月の利益・資金・運転資金を明らかに！
2	**資金を「 残す 」・「 増やす 」ルールの設定** 資金が増える企業風土づくり 「 いくら増やすか 」などの「 目標設定 」
3	**自社の「強み」を伸ばして利益率をアップ** 利益率を高めて 資金・利益・運転資金を同時に改善 儲からない（利益率の低い）仕事はしない
4	**資金は社長の責任で増やす** ワンマン、独裁力 で資金を増やす 最後に会社を変えるのは「 社長の執念 」

08

資金を増やすための出発点は、データのスピード化

▼NBCが開発した「瞬間くん®システム」の主な特長

①翌月1日には、前月の利益・資金・運転資金が明らかになる

前月は資金が増えたか、減ったか、その要因は何かが明らかになります。

資金が減少していれば、減少させた犯人を捜すことができます。

放っておけば、その犯人は当月も資金を食い物にしてしまいます。

②操作が簡単

主要な資産・負債の残高を入力するだけです。

③計数に弱くても、経営の羅針盤（図解）があり、わかりやすい

④利益・運転資金の増減要因を細かく分析し、改善すべき点もシンプルでわかりやすい

黒字の会社だからといって、倒産しないとは限りません。資金がなければ倒産してしまいます。月次試算表は前月の利益を表す結果資料なので、多少遅くても構いません。しかし資金は24時間365日動いており、月初1日にはいくら増えたか、いくら減ったかが判

毎月1日に完成

○損益法で「結果」の利益

損益法	金　額
売　上	100,000
原　価	70,000
限界利益	30,000
経　費	20,000
利　益	10,000
現預金	▲ 3,000

結果しかわからず、すぐに対策が打てない

利益は同じ

現預金が減った原因が明確に！

「瞬間くん®システム」

○財産法で「経過」の利益

損益法	期首残高	当月残高	資金からの利益
現預金	100,000	7,000	▲ 3,000
在　庫	20,000	30,000	10,000
売掛金	40,000	50,000	10,000
買掛金	30,000	20,000	10,000
借入金	50,000	67,000	▲ 17,000
利　益			10,000

運転資金

今月の結果：利益が出たが現預金が減った

理由　運転資金が 30,000 不足して、利益・借入金の 27,000 で補填したが残りは現預金から 3,000 を支払った

このように、毎月対策が打てる！

明しないと対策を講じることができません。

資金が減った要因が売掛金の未回収や回収遅延だったとしたら、直ちに売掛金の回収に動かなくてはなりませんし、在庫が増えたことが要因であれば、すぐにその対策を講じる必要があります。その基礎となるのがＢＳ【貸借対照表】です。


「瞬間くん®システム」では、毎月1日に前月の利益・資金・運転資金の増減を明らかにすることが可能です。これにより、打つべき手を速やかに打つことができます。

129ページの図で表したように、前月は自己資金が20000千円減少。内訳は利益10000千円であるが運転資金▲30000千円不足と表示されます。さらに運転資金▲30000千円の内訳は在庫10000千円増加、売掛金10000千円増加、買掛金10000千円減少と表示されます。

このような前月データが、翌月1日に社長の手元に届いたらいかがでしょうか。

資金を改善するにはデータのスピード化が不可欠です。

多くの社長が「瞬間くん®システムは社長の参謀だ」とおっしゃる所以はここにあります。

資金が減っていく？

このようなことで会社の資金が減っていきます

社長、御社はいかがですか？

損益法	金　額
売　上	100,000
原　価	70,000
限界利益	30,000
経　費	20,000
利　益	10,000
現預金	▲ 3,000

決算が終わった。
利益は10,000で確定した。
あとは納税するたけだ。

納税額：4,000

……しかし、
なぜ自己資金が減ったのだろう。
資金が足りなければ、
金融機関から
融資を受ければいいのだ。

経理担当者と社長の会話

納税資金が足りないから
金融機関から融資を受けろとは何事だ！
なぜ、次月で対策を打たないのか。
原因はどこだ！

わかりません……。
在庫が増えたからではないですか。

なぜ、決算前に
在庫が増えたことを言わないのだ！

最後は資金を知らない社長の負け

▼資金を残す・資金を増やす規定（約束）の設定

資金を増やす対策の前に、資金が増えない理由を捜さなければなりません。

そこでまず、現状の社内実態を調査します。営業・製造・経理など、各セクションの業務フローを作成し資金の流れを明らかにします。なぜ資金が増えないのかを正しく把握するためです。

問題点を明確にした上で、資金が増える社内体制づくりをスタートします。そのために【資金を残す規程（約束）】【資金を増やす規程（約束）】を作成します。各部門、全社で次のシートを作成しましょう（左ページの図を参照）。

◎資金改善のための３つの項目

（資金を残す・資金を増やすために）

・絶対やらなければいけないことは何か
・絶対にやってはいけないことは何か
・管理監督することは何か

資金を残す・資金を増やす規定の作成例

目　標　　30%　3,000万円

項目	番号	内　容	責任者	担当者	期限・頻度・数値
必ずやること	1	提出前の見積提示の30%の評価と承認（売値を決める）	社長	○○	随時
	2	実行予算検討会の開催（業者・価格・工期を決める）	社長	○○	作成時・中間時・完成時
	3	粗利額の確保（1億5000万円）	社長	○○	平成○○年○月○日まで
	4	システムの開発	社長	○○	平成○○年○月○日まで
	5	社員教育（学習会・お誕生日会）	社長	○○	毎月1回
やってはいけないこと	1	妥協・諦め	社長	○○	
	2	無駄な口論	社長	○○	
	3	価格競争	社長	○○	
管理監督すること	1	実行予算検討会の開催	社長	○○	随時・工務会
	2	お客様満足度の調査	社長	○○	契約時の決め手・完成時の満足度調査
	3	可能性のあるお客様の数	社長	○○	役員会
	4	効果性の測定（営業・工務・会計）	社長	○○	役員会（毎回）

経費を節約する～資金を残す規程

主な内容は経費削減・在庫削減する対策

利益率を上げて～資金を増やす資金規程

主な内容は業務面で利益率をアップする対策

▼自社の強みを伸ばして利益率を改善する。儲からない仕事はしない

社長に「御社の強みは何ですか?」という質問を投げかけると、「売上が伸びていることです」「優良企業に納品していることです」「金融機関からの信頼は高いですね」といった答えが返ってきます。

伸ばしていただきたい強みとは、たとえば「客数が多い」「利益率の高い商品を販売している」「他では真似のできない技術を持っている」などです。

▼迅速かつ的確な経営判断につなげるための「瞬間くん®システム」活用法

当社が日本で初めて開発した、中小企業のための資金改善術が月末決算「瞬間くん®システム」です。

なぜ「瞬間くん®システム」は多くの社長の参謀役を務められるのでしょうか。

「瞬間くん®システム」では、事業年度(3期前・2期前対比)と月次(期首・前月対比)ごとに自己資金がいくら増減したかを表示します。

さらに、資金の増減要因を明らかにします。増減の要因が利益なのか、運転資金なのか、固定資産の取得・売却なのか、それぞれが資金にどんな影響を与えているかを明らかにします。

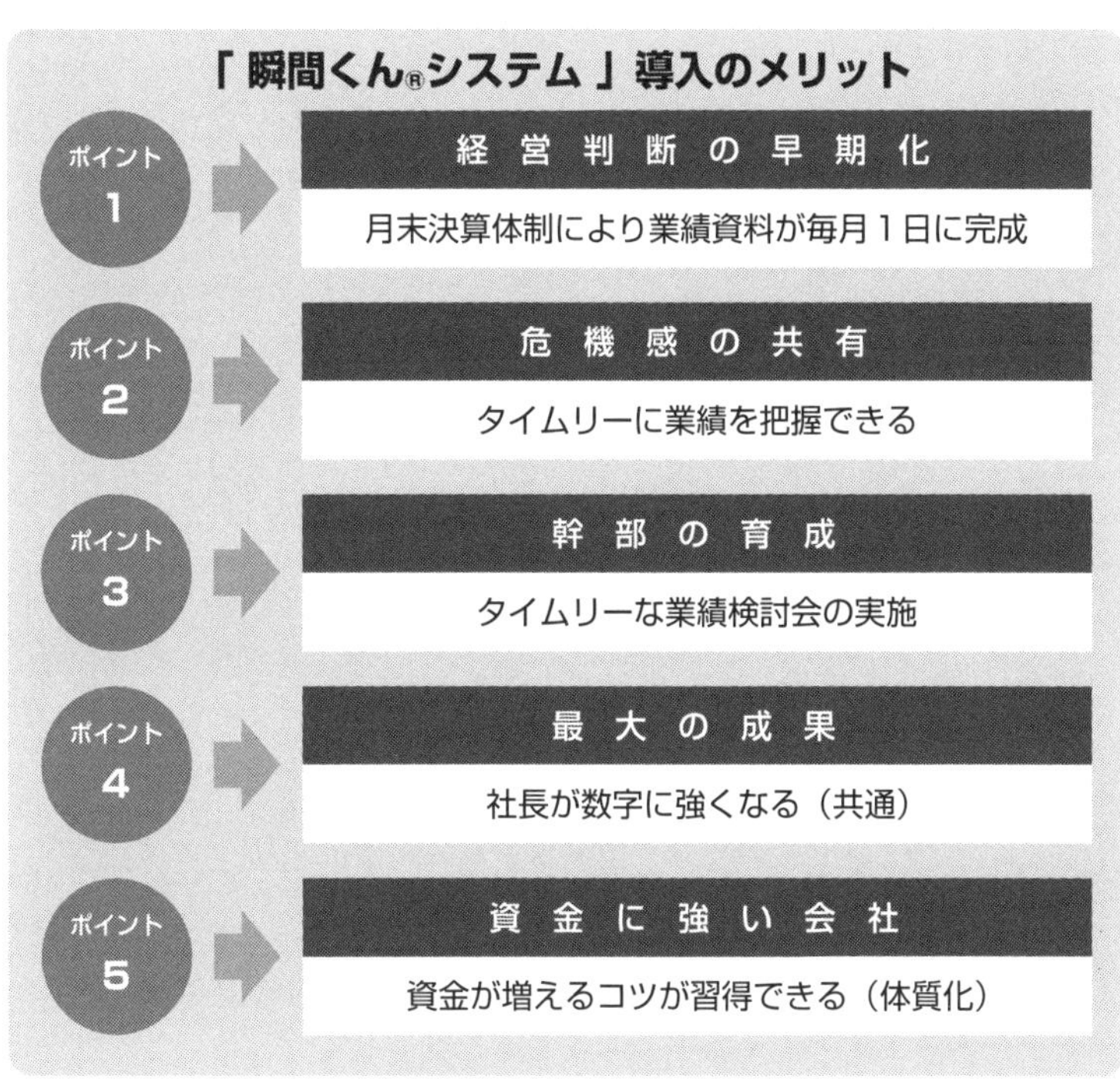
「瞬間くん®システム」導入のメリット
ポイント 1
経営判断の早期化
月末決算体制により業績資料が毎月１日に完成
ポイント 2
危機感の共有
タイムリーに業績を把握できる
ポイント 3
幹部の育成
タイムリーな業績検討会の実施
ポイント 4
最大の成果
社長が数字に強くなる（共通）
ポイント 5
資金に強い会社
資金が増えるコツが習得できる（体質化）

事業年度を終了した結果「資金が増えていない」と後悔することなく、月次の「経過」でその都度速やかに対策を講じるための経営の羅針盤として活用いただけます。

▼資金の流れ・収支報告・分析

これまでの経営では、会計事務所や経理担当者から出てくるデータを見ても、社長は資金増減の結果はわかっても、その理由をつかむことまではできなかったと思います。月次試算表はあくまで「経理のための月次試算表」であり、それをもとに経営判断をすることはなかったからです。

一方「瞬間くん®システム」は、タイムリーな経営データをスピーディーに作成し、月次試算表を経営判断の指標として活用することができます。つまり、これは「社長のための月次試算表」なのです。

現在、「瞬間くん®システム」は全国で4500社の企業が利用し、「真の経営の参謀」として多くの社長にご支持いただいています。

▼「瞬間くん®システム」で何ができるか?

「経営分析」自己資金・売上・利益などを期首・前期同月対比して分析します。

資金の改善をどのように進めるのか

自己資金とは「 現預金 − 借入金 」である

65 期の資金運用報告

単位：千円

資金	63期	64期	65期	3期間（65期−63期）	65期（65期−64期）
①＋①a：現金＋預金	111,078	98,927	109,712	↓ △1,366	↑ 10,785
⑩＋⑩a＋⑩b：借入金	1,858,701	1,816,060	1,851,806	↑ △6,895	↓ 35,746
差し引き自己資金	△1,747,623	△1,717,133	△1,742,094	↑ 5,529	↓ △24,961

※自己資金とは、現預金から借入金を控除した金額です

増加

減少

資産（3期間）
5,529 千円

資産（3期間）
24,961 千円

原因不明

当期・毎月対策を打つ！

- ✓ 利益からの分析と対策
- ✓ 運転資金からの分析と対策
- ✓ 固定資産からの分析と対策
- ✓ その他資産・負債からの分析と対策

通算する

改善する「瞬間くん®システム」

（単位：千円）

当月の資金運用報告

自己資金	期首	当月	当期資金（当月－期首）
①＋①a：現金＋預金	30,127	31,428	↑ 1,301
⑩＋⑩a＋⑩b：借入金	75,645	74,645	↑ △1,000
差し引き自己資金	△45,518	△43,217	↑ 2,301

※自己資金とは、現金、預金から借入金を控除した金額です

自己資金増減の原因はどこか（内　訳）

資金分析はどのようになっているか？

※Ⅰ、Ⅱ、Ⅲ、Ⅳ、Ⅴを合計してください

Ⅰ利　益 !	当期利益（当月－期首）
⑭：減価償却前の「純利益」（※「当期純利益」は⑮の金額です）	↑ △19,396

Ⅱ運転資金収支 !	期首	当月	当期運転資金
②＋②a＋③：流動資産	92,173	111,239	↓ △19,066
⑧＋⑧a＋⑧b：流動負債	9,348	12,037	↑ 2,689
運転資金の差異	82,825	99,202	↓ △16,377

Ⅲ固定性資産増減 !	当月	当期
⑥＋⑥a：固定資産の増減	△306	↓ △306

Ⅳその他資産・負債の増減	期首	当月	当期
④＋④a：その他流動資産	42	1,847	↓ △1,805
⑨＋⑨a：その他負債	3,849	5,242	↑ 1,393
その他資産・負債の差異	△3,807	△3,395	↓ △412

Ⅴ増資・減資・配当等による資金の増減

⑳：増資・減資による増減	
⑳a：配当等による増減	
増資・減資・配当等による資金の増減	

Ⅵ経営分析　回転日数からの分析

当月の売上高	当月までの
22,034	

売上債権、買入債務が売上の何日分が妥当か計

Ⅶ回収と支出のバランス	期首
売上債権回転日数	12
買入債務回転日数	14日

自己資金増減の結果とその原因が表示されます

Ⅰ.利　益
Ⅱ.運転資金
Ⅲ.固定性資産の増減
Ⅳ.その他資産・負債の増減
Ⅴ.増資・減資・配当等による賃金の増減

月次資金結果報告の全体イメージ

資金と利益と運転資金を同時に

当月の利益報告

資産	期首	当月	当期(当月ー期首)
①:現金	0	0	0
①a:預金	30,127	31,428	1,301
②:受取手形	4,328	4,410	82
②a:売掛金	44,445	64,212	10,751
③:商品・在庫	43,400	42,617	△783
④:その他流動資産	42	84	42
④a:仮払消費税	0	1,763	1,763
⑤:流動資産合計	122,342	144,514	22,172

固定資産	期首	当月	当期(期首ー当月)
⑥:固定資産(⑥a除く)	11,525	306	306
⑥a:保険積立金	0	0	0

総資産	期首	当月	当期(当月〜期首)
⑦:総資産	133,867	156,046	22,179

負債	期首	当月	当期(当月ー期首)
⑧:支払手形	0	0	0
⑧a:買掛金	8,234	10,882	2,648
⑧b:未払費用	1,114	1,115	41
⑨:その他流動負債	3,849	3,872	23
⑨a:仮受消費税	0	1,370	1,370
⑩:短期借入金	0	0	0
⑩a:長期借入金	75,645	74,645	△1,000
⑩b:その他借入金等	0	0	0
⑪:流動、固定負債合計	88,842	91,924	3,082
⑫:自己資本比率( )%	33.63%	41.4%	7.82%

利益計算	当期(当月ー期首)
■:減価償却前純利益	19,396
■:減価償却費	299
■:減価償却後純利益	19,097

利益率	当月	当期
■:限界利益率( )%	24.28%	24.28%
■:人件費	1,991	1,991
■:その他経費(人件費・減価償却費を除く)	1,495	1,495

◆実績と原因の分析
社長が求める業績資料を早期に完成！
毎月1日に前月の資金・利益の実績資料が完成。
◆資金・利益・運転資金の改善対策
どうすれば資金・利益が増えるのか？
シミュレーションシステムで改善策を明確化。
◆利益率改善の効果測定
利益率アップで資金はいくら増えたのか？
利益率改善による資金増減の影響を測定。
◆借入金返済額から逆算した必要売上・利益分析
借入金返済のために必要な売上・利益額は？
業績目標の目安としても活用可能。
◆利益の中身を分析
この利益は売上成長？利益率改善？経費削減？
利益額の内訳・要因を分析。
◆わかりやすい経営解説
数字が苦手でも安心！

月次業績管理の流れ

月次データ送信

預金、借入金…

翌月１日

即

瞬間くん®システム

月次決算書

月次決算書の内容

○ 資金・利益・運転資金

○ 売上・利益率対策システム

○ 経営分析
○ 全国ランキング
○ 成長性・労働分配率

毎 月 １ 日 に 完 成

地域別ランキング

御社の実績を全国・地域・同業種ごとにランキングで表示！

※他社に会社名・経営データが開示されることはありません

地域	業種	従業員数
宮城県	建設業	13

〈成績指標〉

(単位：千円)

区分	項目	全国対象 4,417 社			業種対象 891 社		地域対象 125 社	
		当社実績	全国平均	ランク	業種平均	ランク	地域平均	ランク
安全性	・現金、預金	29,690	931,337	2,219	467,207	473	95,398	64
	・借入金	69,305	573,880	2,172	339,604	484	359,875	65
	・自己資金	−39,615	356,808	2,328	127,762	532	−265,157	62
	・流動比率	1413.8%	666.3%	79	220.5%	13	129.8%	1
	・当座比率	1005.2%	528.3%	77	181.8%	11	86.5%	1
	・長期適合比率	6.3%	12.7%	546	38.6%	111	74.2%	16
	・借入金月商倍率	3.552倍	0.2倍	4,069	0.1倍	851	0.4倍	112
	・固定資産	10,188	482,513	3,278	376,175	664	375,567	96
	・自己資本比率	53.4%	75.8%	695	46.7%	145	22.2%	22
	・純資産	92,604	3,231,969	1,423	634,146	287	146,286	46
収益性	・売上高	249,443	3,453,317	2,403	2,925,847	511	985,286	78
	・限界利益率	27.7%	24.4%	2,933	12.1%	464	26.4%	84
	・純利益	32,270	20,039	592	12,455	147	1,667	20
	・償却前純利益	35,541	47,623	852	25,876	189	18,587	24
	・労働分配率	41.6%	66%	1,068	120%	228	58%	32
	・一人当たりの限界利益	6,004	24,051	2,608	15,450	548	8,320	73

経営の羅針盤

天気予報を用いた経営状況の分析

図解と併せて「資金の解説」も表示されるので数字が苦手な方でも
スピーディーな経営判断が可能。『経営の参謀』として活用できる！

経営の羅針盤　これを読めば、御社が判る

御社の経営羅針盤を報告します

期首から5ヶ月目（7月）までの実績

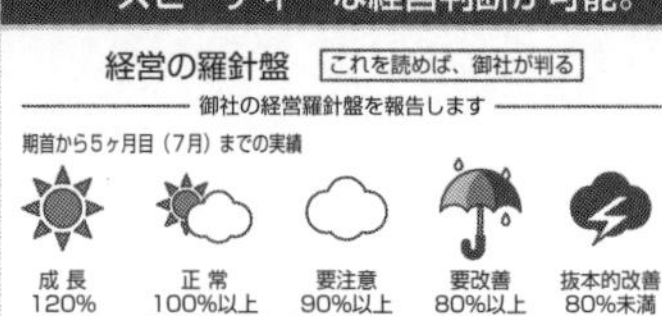

1. 資金はどのようになっているか？

※資金とは、現金、預金−借入金＝自己資金

(単位：千円)

	期首	前月	当月	当期累計実績	当月実績
預金・現金	30,127	33,858	32,530	2,403	−1,328
借入金	75,645	71,645	70,645	−5,000	−1,000
自己資金	−45,518	−37,787	−38,115	7,403	−328

評価	116.2%	99.13%
判定		

解説（5ヶ月間の分析）

現金・預金は、期首から2,403千円の増加となっています。借入金は、期首から5,000千円返済しています。現金・預金の増加と借入金の返済を通算すると資金は、7,403千円改善したことになります。その内訳は、利益で44,952千円増加、運転資金で35,128千円悪化、固定資産で377千円減少、その他資産・負債で2,044減少となっています。
その他資産・負債とは、消費税、還付金、前受金等の合計です。

2. 運転資金のショートはないか？

(単位：千円)

	期首	前月	当月	当期累計実績	当月実績
流動資産	29,449	28,470	26,032	3,417	2,438
流動負債	18,014	15,674	12,294	−5,720	−3,380
運転資金の差額	11,435	12,796	13,738	−2,303	−942

評価	79.86%	92.64%
判定		

解説（2ヶ月間の比較）

回収債権（流動資産）26,032千円と、支払債務（流動負債）12,294千円、差引回収債権が13,738千円多くなっています。比率が、原価率より低いため運転資金のバランスが悪いです。早期に債権の回収を図るなど、対策を打たなければなりません。

3. 固定資産の取得により資金はショートしないか？

固定資産の解説

固定資産の取得は、その年度の減価償却費以下に抑えなければ資金が減少します。当期累計の固定資産の取得は844,271千円であり、減価償却費は2,822千円であるため、資金は841,449千円減少しています。
当月では、固定資産の取得は422,191千円であり、減価償却費は2,272千円であるため、資金は419,919千円減少しています。

(単位：千円)

	当月	当期累計
固定資産の増減	422,191	844,271
減価償却費	2,272	2,822
差額	−419,919	−841,449
評価	−18382.35%	−29717.47%
判定		

経営分析報告書

課題が明確になる経営分析報告書

感覚だけの経営判断・対策はもう終わりにしませんか？
本当に必要な指標がここにあります

業績データから御社の実績を下記のように分析させていただきます

現状の資金分析

業績分析と判定

※判定基準　A…120点以上　B…110点から119点　C…100点から109点　D…99点から81点　E…80点以下
※（評価対象との増減により判定しています。）
※単位とデータ　単位は千円、データは累積表示

	項目	1ヶ月目実績	評価対象	評価対象の実績	増減額	増減率	判定
資金分析	現預金	31,428	期首	30,127	1,301	4.31	C
	借入金	74,645	期首	75,645	−1,000	−1.33	C
	自己資金	−43,217	期首	−45,518	2,301	5.05	C
	流動比率	899.77%	期首	927.04%	−27.27%	−2.95	D
	当座比率	628.89%	期首	597.86%	31.03%	5.19	C
	長期固定適合比率	8.31%	期首	9.55%	−1.24%	−12.99	B
	運転資金立替率	10.60%	期首	9.77%	0.82%	8.40	C
利益分析	売上高	22,034	期首	249,443	−227,409	−91.17	E
	限界利益率	24.28%	期首	27.68%	−3.40%	−12.28	D
	償却前純利益	19,396	期首	45,025	−25,629	−56.92	E
	経費	−14,046	期首	24,021	−38,067	−158.47	A
	労働分配率	37.22%	期首	41.62%	−4.40%	−10.57	A

判定項目をA～E判定でお知らせ。
これで面倒な経営指標の計算も不要！

E判定は至急改善！

御社の経営状況を文章でわかりやすく解説！
◆経営課題をズバリ指摘
資金と利益を同時に改善するための羅針盤！

具体的な課題と対策がわかり、資金が増える！
◆他社との比較
自社の実績が、全国・地域・同業種で、どのくらいの位置にあるのか？

「瞬間くん®システム」利用企業との指標比較（ランキング）で一目瞭然！

▼入力は簡単

月末段階で、主要な資産と主要な負債の残高を入力するだけでデータが作成されます。

もし、売掛金・在庫・買掛金などの正確な残高がわからない場合は20日時点で正式な残高を計算し、21日から月末までの取引高を加算、回収したら減算して残高を計算するようにします。

概算で入力して、正しい残高が判明次第、データを修正すればいいのです。

「瞬間くん®システム」は会計データではありません。「社長のための経営の羅針盤」です。

つまり、会社に資金はいくらあるのか、利益はいくらか、資金と利益のバランスは適正

資金を増やす対策は「スピード」が決め手！

「瞬間くん®システム」で結果と原因が判明する

月次業績管理の流れ

毎月1日に完成

月次データ入力
預金、借入金…
月末残高入力

月次決算書

「瞬間くん®システム」
のPC画面で表示

決算書の内容

○ 当月／当期
➡資金の増減が判明

○ 内訳表示
利益、運転資金など

○ 分析と解説

見えてきた課題

社内では、どのように活用するのか ～ 改善のための的確な指示

「瞬間くん®システム」
の月次決算書作成

社内検討会

○ 資金と利益の対策

○ 利益率報告

○ 社長の改善指示

どこを改善するか？

○ 資金管理
➡責任者による

行動チェック

か、運転資金はショートしていないかなど、経営判断と対策を講じるのに必要な数字がタイムリーに出ていることが重要であって、細かな数字でなくても構いません。

▼データの守秘義務と公開する範囲

「瞬間くん®システム」上の会社名は、守秘義務の観点から非表示に設定してあります。当然のことながら、他社に経営データが開示されるようなことはありません。

なお、自社内でこのデータを公開する役員・管理者は社長に決めていただきます。経営情報を共有するには最良の資料です。データは閲覧者のパソコンにＩＤとパスワードを入力すれば表示されます。

▼「瞬間くん®システム」活用例

実際に「瞬間くん®システム」を活用して成果を上げた事例をご紹介します。

【事例】　自己資金が前期比５５００万円アップ。資金が増える社風が生まれた

経理担当者が毎月１日の午前10時には「瞬間くん®システム」に入力します。13時からは役員が集まり、「瞬間くん®システム」の結果をもとに業績検討会を開始します。

【検討する内容】

「情報の共有」

①自己資金の増減分析……資金が増減した原因はどこか。

②利益の中身の分析……利益率アップで資金はいくら増えたのか。人件費の配分率は適正であったか。（労働分配率55％を限度とする）経費の前期対比。増えている経費は何か。

③運転資金はいくら改善したか。取引先別回収サイトで要注意先の検討。在庫は削減できているか。手形が増えていないか。

「前月の成果と今月の改善方針の決定」

①成果……前期より利益率３％アップ。自己資金が５５００万円増えた。

②課題……在庫がなぜ増えるか。それで自己資金がいくら減ったか。

売掛金が増えているがどこの取引先か。

09 働き方改革による経営課題

2019年4月1日より働き方改革関連法の一部が施行され、今や「働き方改革」は大企業だけでなく、中小企業にとっても重要な経営課題の1つとなっています。

厚生労働省では、「働き方改革」とは働く人々が個々の事情に応じた多様で柔軟な働き方を、自分で「選択」できるようにするための改革と定義しています。

近年、我が国が直面している「少子高齢化に伴う生産年齢人口の減少」や、「働き方の多様化」などを背景にした課題や変化への対応が企業に求められており、決して軽い問題ではありません。

働き方改革が叫ばれる昨今、残業を減らし、有給休暇を取得しやすい職場環境の整備を後押しする社会の要請にどう対応していくのか、社員一人当たりの労働生産性の向上、離職率の低下、採用強化、社員満足度の向上など、社会からの要請に応えながらも、これまでの業績を維持していかなければなりません。いや、これまで以上に良くしていくつもりでないと、生き残ることは難しい時代です。そんな時代における経営術とは、どのようなものでしょうか?

人々の働き方は、一昔前とは違い、多様で柔軟であるべきです。それが世の流れと言えますし、その部分を否定してはいけません。しかし雇用する企業は、どう対応すれば良いのでしょうか？すぐ答えられる社長がどれだけいるでしょうか。

▼労働分配率を活用したクラスター経営

労働分配率を活用したクラスター経営をご存じでしょうか？　クラスター経営とは、労働分配率を活用して、社員自らが「給与と利益を適正にする」経営術です。

NBCでは、まず自社で実践し、資金改善、業務改善・効率化が図れることを実証してきました。

そして蓄積されたノウハウを体系化し、経営コンサルティング業務に応用してきました。

日本の多くの企業が、いまだに年功序列・終身雇用という制度のなかで人事評価を行っています。その結果、仕事ができてもできなくても給与が下がることはありません。

さらに年齢を重ねるほど給与が高いという不透明な人事制度を存続させています。年功序列・終身雇用は、経済が右肩上がりに成長していくことを想定して誕生した、雇用確保のための人事制度です。

飛躍的な経済成長が望めなくなった今、こうした制度は時代錯誤といえます。

クラスター経営下において、新しい人事制度を通じて、社員から労働者意識を捨てさせ、喜働者（自分の意志で喜んで働く社員）としての自覚を持たせることで、自らの価値観により働く社員となるのです。

▼最大の無駄は、発揮されていない社員の能力

クラスター経営において、利益と人件費は密接に関係しています。利益貢献の度合いと自身の人件費には明確な因果関係があり、どれだけの貢献でどれだけの給与が支払われているかを明らかにすることで、自身の給与に納得ができるのです。

一方で利益貢献ができない社員に対して、安易に減給してはなりません。彼らを育成する教育・支援体制も同時に整備していく必要があります。クラスター経営は、社内に計数を軸とした仕事観――「自立・自律・個人・競争」の風土と人財育成の風土を根付かせることができるのです。

▼日本の企業風土にマッチした制度が仕事観・ビジネス観を変える

クラスター経営とは、時代背景にかなった経営スタイルであり、表面的ではなく、日本の企業風土にマッチした制度です。社員は社長と同様に成果主義を体感します。繰り返しになりますが、これからの時代、旧態依然の人事制度を維持し続ける企業は時代から取り残されてしまうことは間違いありません。クラスター経営を導入し、人材育成をする大き

これからの仕事観が変わる

経営リスクを全員に分散させるには、社員個々が自分の給与を知り、果たすべき責任と役割を明確にすることである

1	人件費はいくらかを明確にする … 年間・月間・1日・1時間
2	責任を明確化 … 人件費の何倍の利益貢献をしなければならないかをルール化する
3	貢献度を評価に連動させる … 自分の価値を知る

な目的は、甘やかすことではなく、「自立・自律・個人・競争」の風土において、真の人財を育成することにあります。

多くの社長は、人件費を固定費と見ています。つまり、売上に対して変動しない費用と考えています。しかし、本当にそうでしょうか。売上によって当然変動するべきものではないでしょうか。売上が上がれば給与が上がり、下がれば給与が下がるのは、しごく当たり前のことではないでしょうか。しかし、これは日本にはなじみませんでした。

そこで、「売上」を「利益」に変えてみるとどうでしょうか。利益の増減によって給与が増減するということです。成果主義との違いは、売上を伸ばさなくても、原価を下げれば、利益が確保できる点にあります。ここが成果主義とは決定的に異なる点です。

ある会社の一例を出しましょう。製造業が不況のなか、受注が減少し、売上が落ちました。そのなかで、社員が考えたのが、配送を自社で行うことでした。今まで外部に委託していた配送を自ら行うことで、原価を削減したのです。売上は落ちたものの、利益は前年比を維持することができました。よって給与は変わらずに推移し、景気が回復した今でも、自社配送を継続しており、社員の給与は増加しています。

従来、労働分配率とは、経営分析指標の1つであり、付加価値（限界利益）に対する人件費の配分比率が適正か否かを図るものとして捉えられてきました。

NBCでは、この比率を適正にすると、どの企業も経営が安定し、赤字会社は再起できるという理論を導き出しました。言い換えると、赤字会社の労働分配率は例外なく高いのです。

▼労働分配率＝利益に占める人件費の割合

この計算式を基本にすることで、画期的な効果が生み出されました。それは、ビジネス・仕事観に大きな転換と根本的な意識変革をもたらしたのです。

売上は需要、立地などの「外的要因」に左右されてきました。社長自身もその外的要因を〝売れない理由〟と位置付け、言い訳に使い、中途半端なことを許してきた経緯がありました。

ところが、限界利益は「内的要因」であり、社員が作るものです。社員にコストダウンの知恵が生まれ、利益を確保する仕事観、そして付加価値を上げるため自分自身を売り込む意欲も生まれ、顧客サービス、奉仕に対する工夫も生まれました。クラスター経営は三方が得をする施策だと提唱しています。

ここでの三方とは、【会社】【社員】【顧客】です。

労働分配率の計算式

$$\frac{\text{人件費}}{\text{限界利益（売上―変動原価）}} \times 100$$

▼社員＝取引先というイメージを持て

クラスター経営はあくまでもシステムです（次ページの図を参照）。本当に会社を良くするためには、人財育成こそ重要です。

実は、クラスター経営は人財育成にも大きな効果を発揮するのです。「経営者と同じような価値観と意欲と知恵のある人財」を育成することができます。

まさに人材を人財に変えるのです。

クラスター経営を導入することは、「自立・自律・個人・競争」の風土を根付かせることであり、社長が社員を管理・監視することを不要にします。

クラスター経営のポイントとなる労働分配率

ほとんどすべての経営要素が反映される	
人件費	適正人員、利益を意識した仕事観、責任ある人員の集団
売　上	提案力、付加価値からの競争力、魅力ある人間育成
原　価	競争の原理、適正在庫、回転率、ロス率の低下

「売上を○％上げることと、原価を○％下げることの効果は同じである」などの計数という共通言語におけるコミュニケーションから、利益を意識した仕事観が各部門、各人に育ちます。このような組織には、決して他社との競争に負けない強さがあります。

クラスター経営の最大の効果は、「利益増加＝資金増加の構造」が確立することです。

このような会社の基盤は、揺らぐことのない強靭（きょうじん）なものとなります。

▼利益が減少すれば、タイムリーに人件費を見直す

クラスター経営は、当たり前のことを当たり前に徹底する手法であり、すべての業種にあてはめることができます。多くの赤字会社は、売上が減少して利益が出ていなくても給与を下げません。業績に応じて給与を下げるのは当然のことのはずですが、この当たり前のことすら

できずにいます。普段から社員を経営に巻き込んでいないために、危機的状況においても社員を説得できないのです。

▼社員が仲間と刺激しあいながら業績を伸ばす

企業が利益を上げても、利益の半分は税金となり、残った半分がどうなっているのか、社員にはよくわかりません。だからこそクラスター経営は「利益増加＝資金増加」という構図を明らかにした業績連動型システムでなくてはならないのです。

単なる結果主義・個人主義の導入では、人材は育ちません。クラスター経営は社員が主体となり、業績管理から人事評価までを行うものであり、人事権を委譲する制度でもあります。

▼社長と社員の意識の差を埋める制度がない

「会社の課題はなんですか？」との問いに、多くの社長はこう答えます。

①業績が上がらない
②社員に危機感がない
③目標に対する意識が低い

④コミュニケーションが悪い
⑤コスト意識に乏しい
①②③については、クラスター経営において目標利益を達成することで解決できます。
④⑤については、風土をつくることが重要になってきます。

社員たちの不満はどうでしょうか。

社内で実施したアンケートで出てくるワースト5は次のような内容です。

①尊敬できる上司がいない
②仕事の成果が給与に反映されない
③コミュニケーションが悪い
④仕事量が不公平
⑤きちんと評価してくれない

社長と社員の意識の差を埋めるシステムがないのが実情ではないでしょうか？

数字なくして目標なし
目標なくして行動なし
行動なくして成長なし

クラスター経営を導入した企業において、社員は口々に「この制度はおもしろい！」と言います。それは、自己のなすべき役割、果たすべき責任が明確になり、計数という客観的な事実をもとに評価されることがわかるからです。

多くの社長は、会社の先行きを心配していますが、その前に、現実にある課題を正しく認識しなければなりません。それができなければ、将来を見越した手など打てるはずもありません。社員という大事な経営資源を活かせていないことにすら気づかないのです。

▼社員の共感を得ることなくして導入はない

企業は制度そのもので変わるわけではありません。「計数」という冷たさで評価する前に、心を温めておく必要があります。すなわち、「仲間意識」を醸成しておくことが企業改革の鍵となります。

クラスター経営を導入した企業の社員には、「問題解決を他人（会社・社長・役員）に求めるのではなく、自身のなすべき役割、果たすべき責任を全うしなさい」と説いています。

役割と責任、そして評価が明確になり、さらに仲間（小集団・連帯責任）と協力しながら仕事を進めていくことは、組織のチームワークと厳しさを醸成します。

クラスター経営の「クラスター」は、英語でブドウの房という意味もあります。

クラスター経営とは、ブドウの房のような複数経営集団の集まりをイメージしています。

事業部制などを連想する社長もいるかもしれませんが、個人の給与を労働分配率で査定しているところが決定的な違いです。各ブドウの房は、目標利益（売上目標ではない）を持ち、それぞれの給与を上げるために頑張っています。しかもその努力は確実に給与に反映されるのです。

その結果、たとえば、こんな会社が生まれます。

◉赤字であれば、その赤字がいくらか、そしてどこに原因があるのかを全員に理解させることで、赤字克服のために全員が立ち上がる。
◉経営が安定していれば、さらに高い目標を掲げ、モチベーションの高い人財が生まれてくる。

クラスター経営以外に、会社・個人を成長させるものはありません。

利益から配分する人件費の上限を決めることで、利益を優先して残せるからです。制度を導入した企業は、例外なく売上至上主義の弊害に気づくことになります。制度導入後は確実に利益を計上し、仮に減収となっても増益になります。なぜなら、クラスター経営とは、利益と人件費のバランスを自動的に維持させるシステムだからです。

▼導入のための3つの提言

導入に当たり、最大のネックとなるのが労働分配率に関わるデータの公開です。

クラスター経営では、個人ごとの目標利益を与えることから、その基礎データとなる個人ごとの給与の公開、目標労働分配率の根拠となる業績などの公開が不可欠となります。

給与を公開してみると、多くの社員は、自分の給与について内容を理解していないことがわかります。手取りの給与額しか知らない、という社員がほとんどです。会社が社会保険、労働保険などを負担していることさえ知らないケースもあります。

導入のための前提条件は、まず自分の仕事の価値を知ること——「数字なくして目標なし、目標なくして行動なし、行動なくして成長なし」がクラスター経営のあり方です。ゆえに前提は「数字なくして」ということになります。

①社員の人件費は年間いくらなのか

次ページの図を見てください。

月30万円、年間賞与80万円の社員は、人件費＝４４０万円（30万円×12か月＋80万円）だと思っています。実際には、これに2割の法定福利費などを上乗せした数字が人件費となります。すなわち５２８万円が、社員一人にかかる人件費です。

稼ぐべき利益を明確にする

①	②	③	④	⑤
月額給与	年間賞与額	年間給与額（①×12）+②	法定福利費の比率	あなたの人件費
300千円	800千円	4,400千円	1.2	5,280千円

Q あなたはいくら稼がないといけないのか？

↓

自分の人件費と労働分配率から必要稼働額(利益貢献度)を明確認する

必要稼働額（利益貢献度） ＝ 人件費 ÷ 労働分配率

1.	年間必要稼働額	10,560千円	（＝ 5,280千円 ÷ 50％）
2.	月間必要稼働額	880千円	（＝ 440千円 ÷ 50％）
3.	1日当たり必要稼働額	40千円	（＝ 20千円 ÷ 50％）
4.	1時間当たり必要稼働額	5千円	（＝ 2.5千円 ÷ 50％）

②この給与をもらう社員は、いくら稼がないといけないか

人件費は経費です。ゆえに、経費をかけたら、それに見合うだけの稼ぎが必要です。

これをクラスター経営では、【必要稼働額】と呼んでいます。別の言い方をすれば、利益貢献度ということです。

【必要稼働額】を算出するために利用するのが、【労働分配率】です。

たとえば、目標労働分配率を50％に設定したとしましょう。その場合の【必要稼働額】は次のようになります。

528万円÷50％＝1056万円

つまり、1000万円以上を稼いで初めて528万円の給与がもらえるのです。

③月・日・時間ごとに必要稼働額を算出

大谷翔平選手の1打席当たりの値段などが、彼の年俸が公表されたときなどに話題になりますが、これはプロ野球選手だけの問題ではありません。当然、社員の給与でも、この考え方は問題になるべきです。

年間528万円をもらっている社員であれば、1日当たり（月22日出勤として）2万円です。時給で計算すると、2500円になります。コンビニのバイトが時給1000円だとすれば、立派な金額です。これを【必要稼働額】で計算すると、1時間当たりで5000円、1日に4万円を稼がなければいけないことになります。

社員にこの数字をしっかり理解させることです。社員のなかには、「俺は給与よりも稼いでいる。【必要稼働額】から算出した年収はもっと増えるはずだ」と言う人もいるはずです。

これこそがクラスター経営の目指すところです。明確な数字で利益貢献度を示し、それによって給与を決めていくシステムだからです。ただ、管理部門などは、この限りではありません。あるいは、管理職手当などは別の見方で評価するといった工夫が必要です。そうしたマイナーチェンジは加えますが、あくまでも【必要稼働額】と【労働分配率】が給与を決める物差しになります。

資金を活かす「ストック収益」

最近、売上をガンガン伸ばしているいわゆる「やり手」の社長とのご縁をいただくことがよくあります。そのようなタイプの社長の多くは、仕事が早く、いつも多忙、攻撃的な要素が強く、目立って見つけやすいオーラ的な要素を持っています。

実際にお話を伺ってみると、売上を上げる施策が良いのか、黒字経営であり、成長性という点では申し分ない企業ばかりだと感じます。

しかしながら、いずれも素晴らしい経営をされている一方、その売上の中身を拝見すると「フロー収益」に偏っている場合が少なくありません。その対義語として「ストック収益」という言葉があり、本節のテーマになります。

「フロー収益」……何かを販売するたびに金銭を受け取るような、1回売り切りタイプの収益構造（継続的な収入が保証されていない）

「ストック収益」……継続的に積み上がっていくタイプの収益構造。安定性があり、将来的にも非常に強固な基盤となっていく性質を持つ短期的に見ると「フロー収益」のほうが金額も大きいことが多く、特に成長意欲の高い社長は売上のインパクトも高い「フロー収益」に焦点を置きがちになります。一方の「ストック収益」は、売上単一では派手さはないものの、まるで地層のようにこつこつ積み上がっていく収益であり、景気が悪化したり本業の売上が落ちたりした場合に、会社を支えてくれるものです。

言い換えれば、「フロー収益」とは「スポット」的に入る単価の高い収益、「ストック収益」とは比較的安価だが継続性・持続性があり、定期的な収益が見込めるということです。

私も一社長として大切にしているのですが、表面的な収益の追求だけではなく「ストック収益」の重要性、さらに「収益の中身」が大事であることをお客様にアドバイスしています。なぜなら、会社の経営は一瞬ではなく、継続的な目線でとらえなければならないからです。

我が国の経済状況は、国内・海外のさまざまな要因が重なり合い、どのように変化していくかは非常に不透明です。しかし、「好況の後には不況がやってくる」ことは歴史が証明しています。経営は「短距離走」ではなく、マラソンのような「長距離走」ですから、視点も遠い未来のゴールに置かねばなりません。

間違いないことですが、業績が悪化したときは短期的に大きな売上が立つ「フロー収益」に力を入れざるを得なくなります。しかし、社長が今の業績を好調と感じているのであれば、「ストック収益」がない、もしくはあっても金額が大きくない会社は、リスク管理の観点を持ち、また安定的な成長を見据え、今のうちに「収益のストック化」に力を入れる必要があるでしょう。

単発の成果で業績が大きく変動するよりも、最低限でも安心して収益が見込める仕事を持っているほうが、経営の予測・見通しも立てやすくなります。

私自身も会計事務所・コンサルティング会社を経営する上で、「フロー収益」と「ストック収益」のバランスを強く意識しています。また、「不動産」を取得し、そこにテナントを誘致して、「家賃収入」という形で安定的な収入を保っています。規模としては、東京本社のある市ヶ谷・飯田橋駅周辺に自社ビルを4棟構えています。

不動産収入は本業ではありませんから、本業である税理士事務所やコンサルティング会社の収入に比べて大きいとはいえませんが、コツコツと着実に、景気の変動に関係なく安定した収益を稼いでくれています。

当社をモデルに不動産事業を考えている社長には、ただ取得すればいいというわけではなく、次のアドバイスを行っています。

・空室とならないように、駅から徒歩数分程度の立地条件の良いところにこだわる
・小さい土地に高い建物を建てられる物件を選ぶ……家賃収入をより多く取得できるよう、活用面積はできるだけ広く、土地はできるだけ狭い物件を選ぶ
→償却は大きく、負担は小さくという考えです。

外的な要因を受けづらい「ストック収益」は売上予測も安定的なため、予測としても信頼できるものになり、場当たり的な売上を求めなくとも良い経営になります。

第5章

【事例】半年間で資金を2億円増やしたドラッグストア

～資金繰りが厳しいドラッグストアが半年間でよみがえった

▼企業の概要

・企業名：株式会社ふく薬品
・所在地：沖縄県那覇市
・業種：調剤薬局・ドラッグストア
・創業：昭和49年
・売上高：約80億円
・就業員数：300名

創業から45年あまり薬局からスタートし、沖縄県ではじめてドラッグストアとの併設店を作った会社であり、地域の皆さんから長く愛されてきた会社が株式会社ふく薬品です。

これまで、本州の大手企業が沖縄県に進出してくることがほとんどなく、ふく薬品は「地元の雄」として堅実な経営を長く行ってきました。

ところが2000年12月に県外ドラッグストアの進出が始まり、徐々に価格競争が始まりました。さらに、2015年から環境が激変していきます。

海外からの旅行者（インバウンド）が爆発的に増え、爆買いする外国人が増えたことで、沖縄市場が有望だと気づいた大手ドラッグストアがどんどん沖縄に進出してくるようになったのです。

沖縄に行かれたことがある方であれば、誰もが行く那覇の「国際通り」には、大手ドラッグストアが「これでもか」といわんばかりに出店し、競争の激しさを物語っています。

これまで地元のドラッグストア内での落ち着いた市場環境だったものが、大手ドラッグストアの進出にともない競争が激化、ふく薬品の経営に大きな傷跡を残すことになります。

大手ドラッグストアが近くに出店すれば、価格破壊がおき、自店も値下げを強いられる。さらに大手が値下げをするというような価格競争の繰り返しで、どんどん体力が奪われていきました。

複数人のスーツ姿の男性が店に来ては値札の写真を取り、あからさまに自店の商品単価をくぐるような価格設定や折り込みチラシでのＰＲ。

大手ドラッグストアは、売上が大きいため、スケールメリットにより商品の原価率もふく薬品とは違います。規模の優位性がないふく薬品は大手とは同じようにはいきません。

社長は、仕入れ（原価率）に差があるのですから、単純な価格だけの競争ではいけないと分かっていても、自宅に投函される新聞折り込みのチラシや来店するお客様の目、顔色、客数の減少を知ると、どうしても価格を下げてしまうのです。

価格競争に巻き込まれ劣勢を強いられることの繰り返しにより、業績もじわりじわりと悪化を辿り、閉鎖せざるを得ない店舗も……。ついに、前期は多額の営業損失を出してしまいました。

こうした結果を聞きつけたのか、大手ドラッグストアから会社ごと買いたいというオファーもかなりの数ありました。

暗中模索でこの先の展望も見えないなか、どのように経営をしていけば良いのか……。社長が困窮している状況の中、紹介によりＮＢＣとの出会いが生まれました。

▼診断調査でわかった「年末で資金が……」

会社の現状調査という形で３日間訪問することになりました。

調査の中で、初めて財務担当の副社長と面談することになりましたが、そこで副社長より驚きの報告を受けることになります。

「実は、このままでは年末に資金がショートする可能性があります……」

ふく薬品は、店舗の出店と退店、古くなった店舗の改装費用、業績の悪化などで多額の借入金を抱えていました。借入総額は11億５１００万円になっていました。

３年間でみると、借入金は６７００万円しか減少していないにもかかわらず（現金及び

過去3期分の資金推移

30期の資金運用報告

自己資金	27期	29期	30期	3期間(30期−27期)	30期(30期−29期)
①+①a：現金+預金	738,783	648,797	395,451	⇩ △343,332	⇩ △253,346
⑩+⑩a+⑩b：借入金	1,219,195	1,371,776	1,151,867	⇧ △67,328	⇧ △219,909
差し引き自己資金	△480,412	△722,979	△756,416	⇩ △276,004	⇩ △33,437

※自己資金とは、現金、預金から借入金を控除した金額です

資金分析はどのようになっているか？

※Ⅰ、Ⅱ、Ⅲ、Ⅳ、Ⅴを合計してください

Ⅰ 利　益	3期間(30期−27期)	30期(30期−29期)
⑭：減価償却前の「純利益」（※「当期純利益」は⑮の金額です）	⇧ 83,757	⇧ 42,093

Ⅱ 運転資金収支	27期	29期	30期	3期間運転資金	30期運転資金
②+②a+③：流動資産	711,345	1,281,638	1,272,766	⇩ △561,421	⇧ 8,872
⑧+⑧a+⑧b：流動負債	554,217	738,358	577,517	⇧ 23,300	⇩ △160,841
運転資金の差異	157,128	543,281	695,249	⇩ △538,121	⇩ △151,968

Ⅲ 固定性資産増減	3期間	30期
⑥+⑥a+⑮：固定資産の増減	⇩ △155,599	⇩ △38,897

Ⅳ その他資産・負債の増減	27期	29期	30期	3期間	30期
④：その他流動資産	203,498	161,654	56,446	⇧ 147,052	⇧ 105,208
⑨：その他負債	35,181	123,524	133,651	⇧ 98,470	⇧ 10,127
その他資産・負債の差異	168,317	38,130	△77,205	⇧ 245,522	⇧ 115,335

Ⅴ 増資・減資・配当等による資金の増減	3期間	30期
⑳：増資・減資による増減	⇧ 88,437	⇨ 0
⑳a：配当等による増減	⇨ 0	⇨ 0
増資・減資・配当等による資金の増減	⇧ 88,438	⇨ 0

預金）は3億4300万円も減っている状況でした。

前期1年間で比較しても借入金残高は2億1900万円減っているものの、手元資金が2億5300万円減少。自己資金（現金及び預金－借入金）は3300万円も減少していました。

月に均すと270万円もの自己資金が減少している状況でした。

前期の大幅な営業損失と借入総額が大きいことから金融機関の融資姿勢も厳しいものになってきている状況であることを財務担当の副社長は感じていたのです。

【過去3期分の資金推移】

こうした厳しい状況のなか、支援がスタートしました。

▼支払いサイトの延長と在庫管理

3年間で、借入金は6700万円しか減少していないにもかかわらず、手元資金は3億4300万円も減っている理由は、明白でした。

運転資金の入りと出のバランスが著しく悪かったのです。

運転資金とは、在庫と売掛金（クレジットカードの入金・調剤の処方箋報酬）と買掛金（仕入れ）の支払いのバランスです。

店舗では、在庫を過剰に抱えてしまっていました。

商品の欠品が一番困るという考えが根強く、適正在庫という概念や過剰在庫に対する危機感がなかったのです。

在庫を多く抱え、仕入先への支払いが早いため、在庫→入金の日数と支払い期日までのバランスが悪かったのです（お客様のカード払い、処方箋に基づく国からの入金は2か月遅れ）。

運転資金のバランスが悪いことで、3年間で5億3800万円も資金が減っている状況でしたから、まずは社外に資金の流出を防止することを最優先課題として取り組まねばなりませんでした。

そこで社長へ取引金額が大きく支払いサイトの短い仕入れ先に対して、「日数を延ばす交渉をして欲しい」とお願いしました。

仕入れ先へ支払期日を延ばすようお願いするのは大変勇気のいることですが、社長は自ら交渉すると約束してくれました。

仕入れ先は当然嫌がり、会社への信用不安に発展しかねません。

それでも、現状では資金繰りが厳しく、入金と支払いのバランスが合わないことの理由を明確に示しながら説明したことで、複数の仕入れ先から支払期日延期の同意・協力を得ることができました。

具体的には、支払いを30日延ばしてくれた先が4社、15日延ばしてくれた先が2社です。延ばしてくれた6社の取引金額が大きかったこともあり、資金繰りは大幅に改善されました。

同時に過剰在庫を適正化するための取り組みを行うことにしました。

今まで欠品を恐れて、何となく必要な個数を「必要以上」に仕入れていましたが、基準を設け、どれだけ仕入れれば良いのか、「交差比率」を基に、商品ごとに算出し、比較できるようにしました。

※交差比率とは、商品が効率的に販売されているかどうかを知るために用いられる指標のことで、在庫回転数に粗利益率を乗じて算出することができます。

店舗ごとの在庫の金額を店長会議でも明らかにし、在庫の推移を追うことも忘れませんでした。

また、これまで店舗間での情報の共有が行われておらず、足りなくなったら各店舗で発注を行っていた体制も見直しました。

不足在庫が出れば、余分に在庫がある店から商品を配送する形にすることで在庫は目に見えるほど減っていきました。

▼経費の削減

仕入れ期日の交渉、在庫の削減・適正化に続き、経費の削減を行いました。

仕訳帳から1年分の経費を抽出し、見直しできる経費を細かく、すべて洗い出しました。

年間の経費削減目標を4000万円に設定し、聖域を無くしあらゆる経費の見直しを行うことを決め、削減活動に取り組みました。

これまで購入稟議の申請やルールがなかったため、店舗で必要と思えば自由に消耗品や備品を購入していました。

たとえばPOPを書くためのマーカーもそれぞれの店舗で購入しておりマーカーを回収したところ、売り

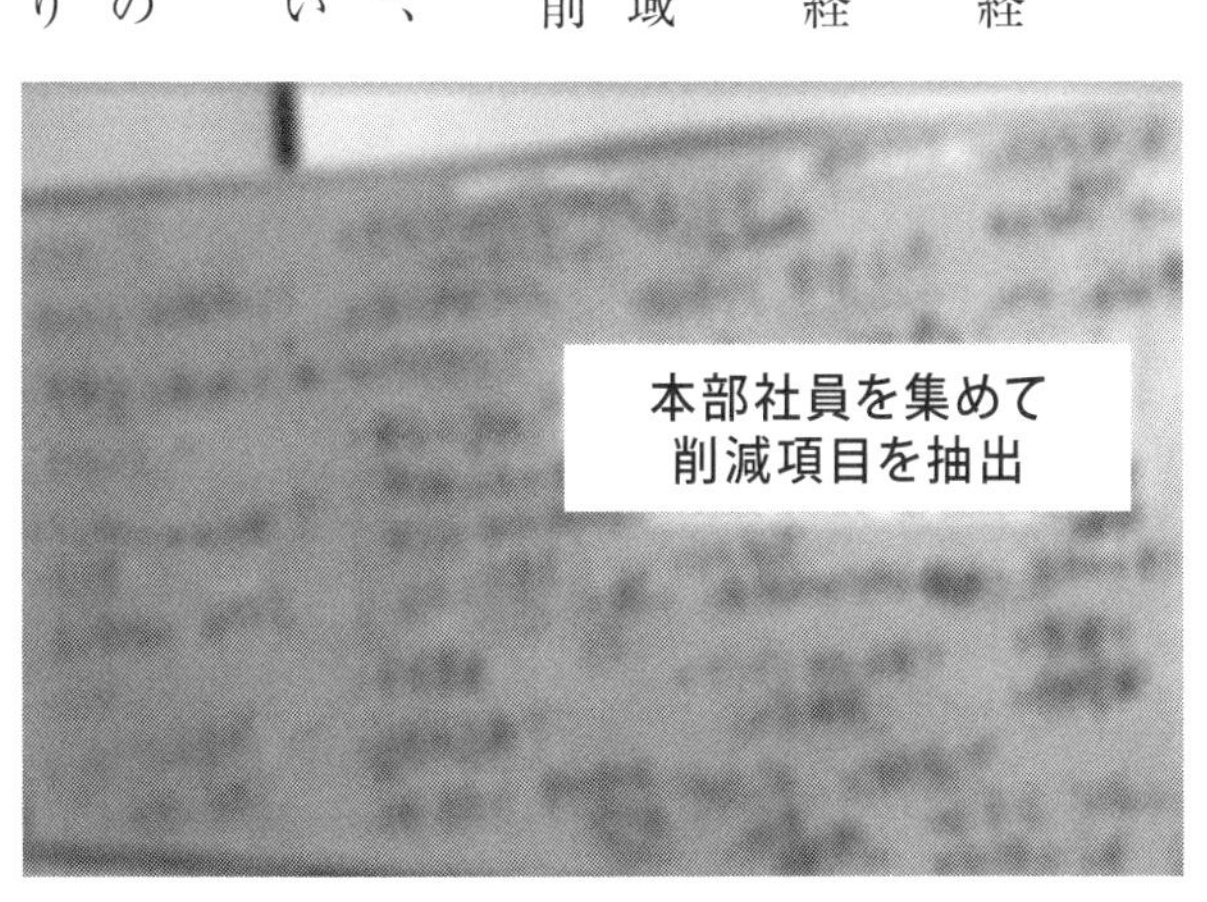
本部社員を集めて
削減項目を抽出

物かと見紛うほどのマーカーが１００本以上余分にあることも分かりました。

経費の見直しで、もっとも効果が大きかったのは広告宣伝費です。

今まで広告宣伝費として新聞折り込みに多額の広告宣伝費を投資してきました。店舗が沖縄県の広域に点在していることもあり、広範囲に配布してきましたが店からの距離、購買客の地域性を細かく分析し、配布エリアを限定。配布する回数も少なくし、同時に長く実施してきたラジオ広告もこのタイミングで見直しを行いました。その結果、広告宣伝費だけで１０００万円以上の削減に繋がりました。


次に、店舗の光熱費の見直しを実施。

店舗の夜間サインや駐車場の照明の点灯や消灯時間の設定。空調の設定温度。開店前・閉店前のエアコンを時間設定などのルールもこれまで店舗毎の判断で行われてきましたが、会社として季節などを考慮し、ルールを決め全店で運用するように決めました。月によっては前年対比で70万円もの光熱費を削減できました。


その他、使用頻度の低い車両の売却、駐車場も解約。今必要ないと思うものはすべてやめていただきました。

見直そうか迷ったら、削減する。削減して問題が出たら元に戻すことを検討するという要領で、繰り返し見直し、削減活動を行ってきました。

幹部を集めて、意見を出し合い、誰がどの経費に対して責任を持つのか、削減できた金額（結果）を「見える化」することを意識して取り組みました。

こうした活動は半年間で２５００万円もの経費削減に繋がり、利益、資金増加に大きく繋がりました。

加えて、今まで会社の細かな経理内容は社長・副社長しか知らず、経理内容はブラックボックスだったものを、幹部にも開示したことで会社の経営内容を理解し、自分のお金のような感覚で会議に参加するようになってくれました。

結果的に、幹部の経営者マインドが大きく育くまれたことは、大きな副次的な効果となりました。

経費削減と同時並行し、お店の営業時間の見直しにも着手しました。

営業時間ごとの売上とレイバースケジュールをもとに、人件費を時間ごとに計上し、時間別損益を算出しました。たとえば、夜24時まで営業していた店舗も23時から24時までの時間は赤字であったことから23時に変更し、１時間営業時間の短縮を提案しました。

お客様が来ない時間帯の光熱費の削減が実現でき、社員の夜間勤務による心身の負担の軽減にも繋がりました。こうした改善効果は、資金面ばかりでなく社員の帰属意識を向上させ働きやすい職場環境へと変化させることに繋がりました。

▼接客品質の向上

店舗での接客対応の強化として、ポイントカードの使用推奨活動を始めました。

ふく薬品は大手のポイントカードを取り扱っていますが、あくまでお客様からポイントカードの提示と使用したい意向があった場合にポイントを使ってもらうという形を取っていたのですが、積極的な声かけを行いポイント使用してもらうよう切り替えていきました。

たとえば、ポイントが貯まっているお客様に対して、商品購入代金が550円であれば、「50円分のポイント使用しましょうか?」というような接客を行うことにしたのです。

ポイントの使用をお勧めし、ポイントを使ってもらうことでお客様は安く購入することができたと満足してもらえたり、追加でもう一品購入したくなるような、購買心理を高めることにも繋がります。

各店舗がポイント還元(使用)率と還元(使用)件数率を競う体制にし、接客話法の検討を行い、全店あげて改善することに取り組み、お客様満足度の向上に繋がるよう取り組みました。

時間別損益

5月 ●●店	合計	08~09時	09~10時	10~11時	11~12時	12~13時	13~14時	14~15時
売上高	32,165,947		84,783	1,643,763	1,950,734	1,756,959	1,814,915	2,164,338
構成比	100%	0.0%	0.3%	5.1%	6.1%	5.5%	5.6%	6.7%
客数	19,565	0	76	1,057	1,143	1,079	1,098	1,286
客単価	1,644		1,116	1,555	1,707	1,628	1,653	1,683
合計購買点数	59,606	51	2,719	3,559	3,622	4,060	3,984	3,935
粗利率	23.4%	23.4%	23.4%	23.4%	23.4%	23.4%	23.4%	23.4%
粗利額	7,534,602	0	19,860	385,038	456,943	411,553	425,129	506,978
人件費	2,191,082	0	57,172	136,666	133,428	169,852	178,676	172,263
経費	3,639,370		242,625	242,625	242,625	242,625	242,625	242,625
営業利益	1,704,150	0	▲279,937	5,747	80,891	▲924	3,828	92,090
労働分配率	29.1%	-	-	35.5%	29.2%	41.3%	42.0%	34.0%

5月 ●●店	15~16時	16~17時	17~18時	18~19時	19~20時	20~21時	21~22時	22~23時	23~24時
売上高	2,438,414	2,718,936	3,076,995	3,169,289	3,060,726	2,649,508	2,404,231	1,904,953	1,265,094
構成比	7.6%	8.5%	9.6%	9.9%	9.5%	8.2%	7.5%	5.9%	3.9%
客数	1,532	1,570	1,896	2,125	2,093	1,837	1,460	1,038	275
客単価	1,592	1,732	1,623	1,491	1,462	1,442	1,647	1,835	4,600
合計購買点数	4,327	4,728	5,670	5,685	5,068	4,499	4,036	2,330	1,333
粗利率	23.4%	23.4%	23.4%	23.4%	23.4%	23.4%	23.4%	23.4%	23.4%
粗利額	571,178	636,888	720,760	742,379	716,949	620,625	563,171	446,219	296,338
人件費	192,598	236,205	18,483	120,497	154,069	159,849	148,397	157,355	155,573
経費	242,625	242,625	242,625	242,625	242,625	242,625	242,625	242,625	242,625
営業利益	135,956	158,058	459,652	379,258	320,255	218,151	172,149	46,240	▲101,860
労働分配率	33.7%	37.1%	2.6%	16.2%	21.5%	25.8%	26.4%	35.3%	52.5%

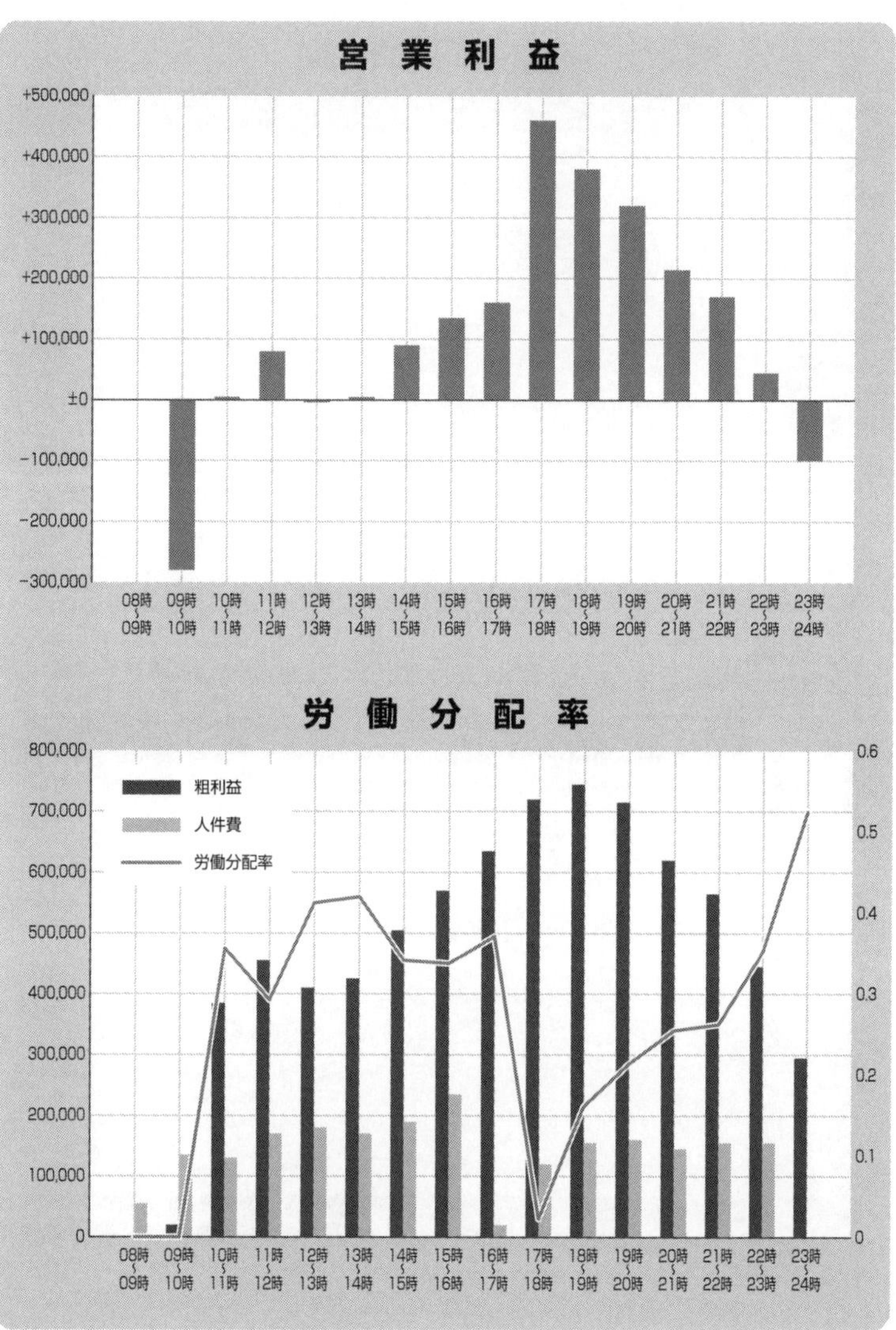

営業利益
+500,000
+400,000
+300,000
+200,000
+100,000
±0
−100,000
−200,000
−300,000
08時〜09時
09時〜10時
10時〜11時
11時〜12時
12時〜13時
13時〜14時
14時〜15時
15時〜16時
16時〜17時
17時〜18時
18時〜19時
19時〜20時
20時〜21時
21時〜22時
22時〜23時
23時〜24時
労働分配率
粗利益
人件費
労働分配率
800,000
700,000
600,000
500,000
400,000
300,000
200,000
100,000
0
0.6
0.5
0.4
0.3
0.2
0.1
0
08時〜09時
09時〜10時
10時〜11時
11時〜12時
12時〜13時
13時〜14時
14時〜15時
15時〜16時
16時〜17時
17時〜18時
18時〜19時
19時〜20時
20時〜21時
21時〜22時
22時〜23時
23時〜24時

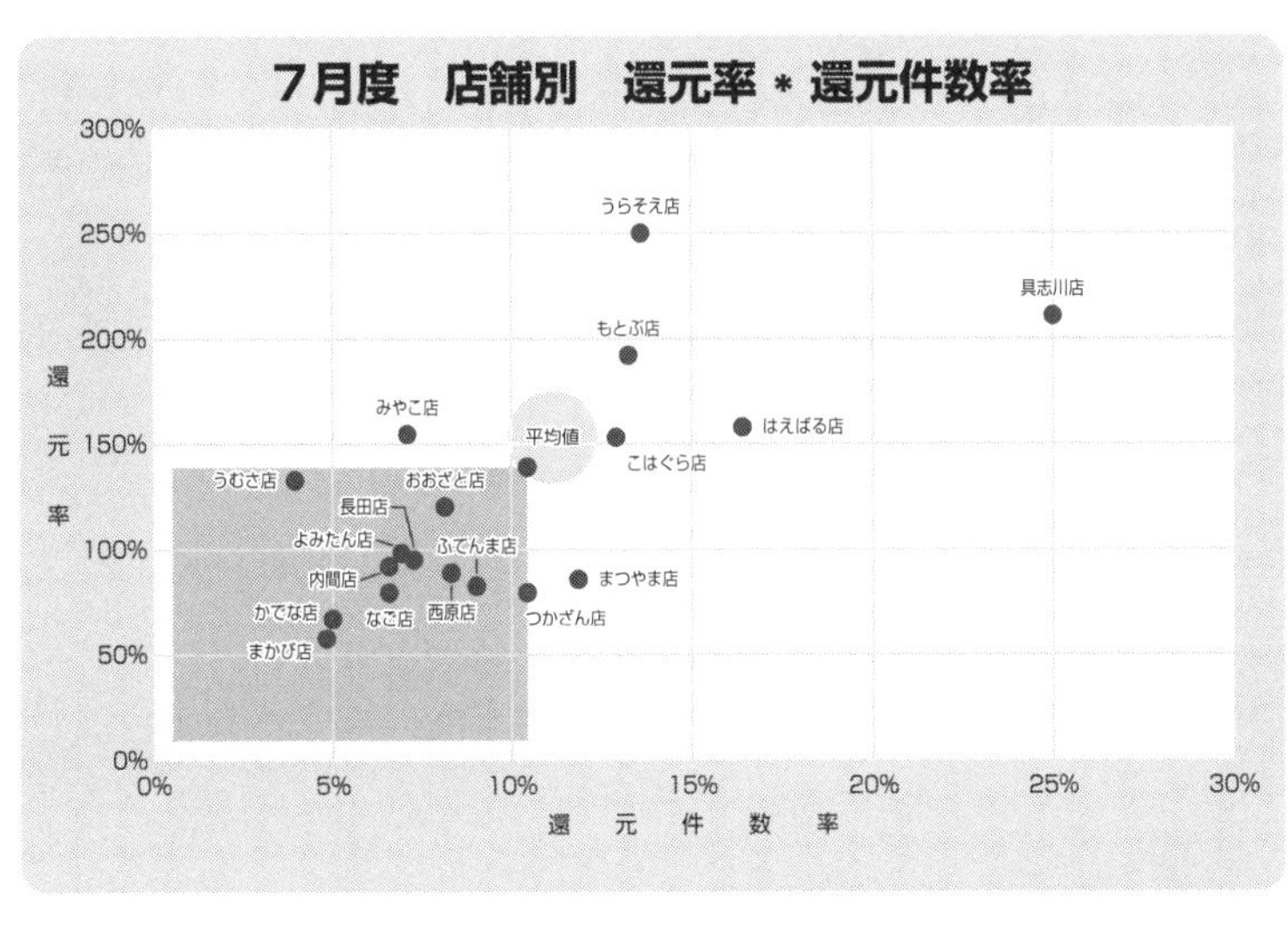

従来まで、「値引き集客」を中心とした販促から、ポイント支給の販促に変更し、ポイントの付与と使用してもらう接客を行うことに努めることにしたのです。

そして、棚卸を行うたびに、社長が頭を痛めていた万引き被害の防止に取り組みました。

外国からの旅行者にケースごと万引きされるといった被害まで出ており、その被害額は1000万円を超えていたのです。

そこで、万引き防止プロジェクトを発足し、今まで整備されていなかった万引き対策マニュアルをつくり、声かけ（挨拶）運動、社内の啓蒙活動としてポスターの設置、防犯ビデオの位置や台数の見直し（追加）、今まで実態を把握しきれていなかった店舗ごとの万引き結果の報告など細かく取り決めをし、改善活動を行いました。

世の中にある万引きに関する情報を集めていくと、実際の万引き被害に加え、社内の意識低下や発注ミスの隠ぺいなどで起こる「内引き＝内部犯行」も多く存在することが分かりました。内部からそのよう問題を起こさせないためにも、今までは各店舗に任せてきたスタッフの勤務ルールも見直し、まさかの事態にも備える対策も講じることへ繋がりました。

社内の啓蒙が進むきっかけになったことは今後においても良かったと前向きにとらえるようになりました。

こうした半年間に及ぶさまざまな活動を通し、資金改善は大きく進んでいきました。

▼改善活動の結果

3年間で2億7600万円減少していた自己資金は、半年間の改善活動により、2億4800万円増えるという驚くべき結果となりました。

半年間で2億2300万円の借入金を減少させ、手元資金も2500万円増加させることができました。

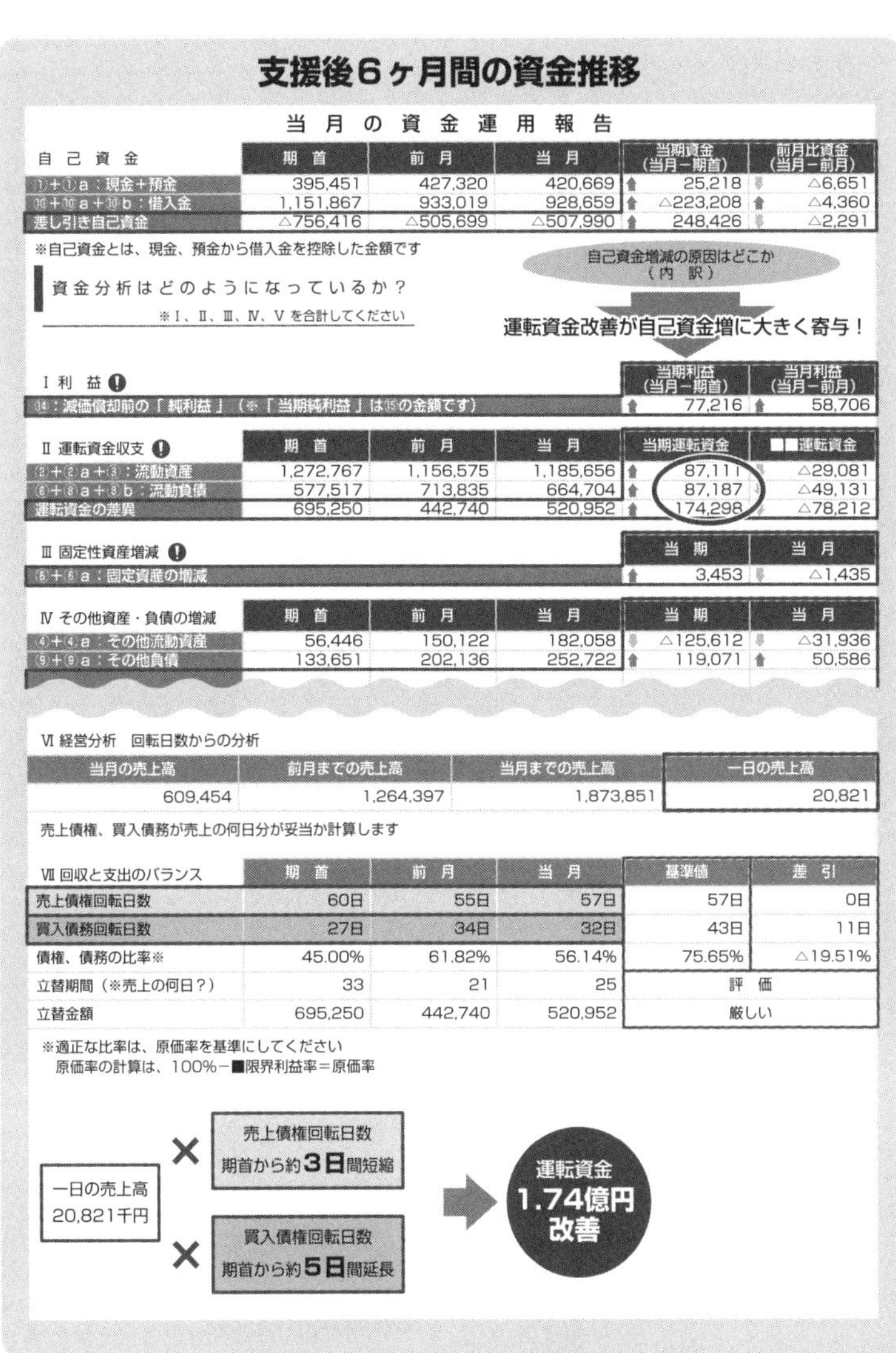

支援後6ヶ月間の資金推移

当月の資金運用報告

自己資金	期首	前月	当月	当期資金（当月－期首）	前月比資金（当月－前月）
①＋①a：現金＋預金	395,451	427,320	420,669	↑ 25,218	↓ △6,651
⑩＋⑩a＋⑩b：借入金	1,151,867	933,019	928,659	↑ △223,208	↑ △4,360
差し引き自己資金	△756,416	△505,699	△507,990	↑ 248,426	↓ △2,291

※自己資金とは、現金、預金から借入金を控除した金額です

自己資金増減の原因はどこか（内訳）

運転資金改善が自己資金増に大きく寄与！

資金分析はどのようになっているか？

※Ⅰ、Ⅱ、Ⅲ、Ⅳ、Ⅴを合計してください

Ⅰ 利益	当期利益（当月－期首）	当月利益（当月－前月）
⑭：減価償却前の「純利益」（※「当期純利益」は⑮の金額です）	↑ 77,216	↑ 58,706

Ⅱ 運転資金収支	期首	前月	当月	当期運転資金	■■運転資金
②＋②a＋③：流動資産	1,272,767	1,156,575	1,185,656	↑ 87,111	↓ △29,081
⑧＋⑧a＋⑧b：流動負債	577,517	713,835	664,704	↑ 87,187	↓ △49,131
運転資金の差異	695,250	442,740	520,952	↑ 174,298	↓ △78,212

Ⅲ 固定性資産増減	当期	当月
⑥＋⑥a：固定資産の増減	↑ 3,453	↓ △1,435

Ⅳ その他資産・負債の増減	期首	前月	当月	当期	当月
④＋④a：その他流動資産	56,446	150,122	182,058	↓ △125,612	↓ △31,936
⑨＋⑨a：その他負債	133,651	202,136	252,722	↑ 119,071	↑ 50,586

Ⅵ 経営分析　回転日数からの分析

当月の売上高	前月までの売上高	当月までの売上高	一日の売上高
609,454	1,264,397	1,873,851	20,821

売上債権、買入債務が売上の何日分が妥当か計算します

Ⅶ 回収と支出のバランス	期首	前月	当月	基準値	差引
売上債権回転日数	60日	55日	57日	57日	0日
買入債務回転日数	27日	34日	32日	43日	11日
債権、債務の比率※	45.00%	61.82%	56.14%	75.65%	△19.51%
立替期間（※売上の何日？）	33	21	25	評価	
立替金額	695,250	442,740	520,952	厳しい	

※適正な比率は、原価率を基準にしてください
原価率の計算は、100%－■限界利益率＝原価率

資金ショートを懸念していた年末の資金繰りも余裕ができ、金融機関の担当者も驚くほどの資金改善効果を出すことができました。

とりわけ大きな効果があったのが、最優先に行った運転資金の改善（支払期日の延長、在庫の見直し）でした。

運転資金の改善効果は1億7400万円もの効果を生み出すことができたのです。

こうした大きな成果を生んだのは、間違いなく社長の行動力と決断力でした。

改革の先頭に立ち、勇気をもって大きくメスを入れたことが、資金増加に繋がったのです。

多くの社長は、売上や利益を重視し、もっとも大事な資金（とりわけ、運転資金）に対しての意識はまったくといって良いほどありません。

資金繰りは経理任せで、売上の増加が資金の増加に繋がると考えていますがそれは間違いです。

ふく薬品も過去は大手との値引き競争に巻き込まれ苦しい経営を強いられていました。

売上や利益ではなく、資金を中心に経営すること。幹部社員をも巻き込み、資金改善活動を行ったことで大きな成果が出て、資金が残り増える効果が出たのです。今では新店舗も出店し、守りの経営から、攻めの経営に転じようとしています。

わずか半年間でこれだけの改善効果を出すことができたのは、奇跡といっても過言ではないでしょう。

第6章

【事例】1年間で資金を1億円増やしたガス会社

～厳しいプロパンガス業界での資金改善例

▼企業の概要

・企業名：株式会社神谷燃料
・所在地：埼玉県越谷市
・業種：LPガス（プロパンガス）小売業、コインランドリー運営など
・創業：昭和24年
・売上高：約10億円
・就業員数：25名

▼NBCに依頼した経緯

LPガスの小売市場は、オール電化や都市ガスの普及、戸建て世帯の自然減などにより、厳しい環境に置かれています。神谷燃料もそのような市場動向に抗うことはできず、毎年売上が低下していました。

もちろん、そのような市場の流れにただ身を任せていたわけでは決してなく、宅配弁当、リハビリ型デイサービス、家事手伝いなどの新規事業に参入し、次の収益の柱を模索していました。しかし、一般消費者というターゲット層が同じとはいえ、不慣れな事業でなかなか利益が確保できず、短期間で撤退することになりました。

そんな折、社長が「まずは本業であるLPガス事業でしっかり収益を出せる体制をつくることが先である」との考えに至り、相談をいただきました。

▼数字を軸にした考え

最初に取り組んだことは、社員の方に対するアンケートの実施と、それに基づく面談の実施です。質問事項では、本人の業務のほか、会社や個人の目標と実際の状況に対する認識、現状の業務などに対する不満や社内でのコミュニケーションの状況など、資金や数字に関する内容以外もヒアリングしました。なぜならば、数字の裏には必ずそれを引き起こしている「目に見えない」原因が隠れているからです。それらを丁寧に掘り起こすことで、改善の端緒にするだけでなく、「資金改善」を軸にして、結果的に社風や会社の体質改善も裏テーマとして設定しているからです。

▼アンケートと面談から見えてきたこと

我々が初めて訪問した際の第一印象は、決して悪くありませんでした。社員の方は笑顔で挨拶をしてくれますし、社長や同僚、上司とのコミュニケーションも朗らかにされているように見受けられました。

しかし、実際にアンケートと面談を実施すると、表面上では見えてこない、さまざまな不満や問題があることがわかってきたのです。

◎新規ビジネス＝介護・食品
時代にはマッチしているが、単年で利益を確保できるまでには至っていない。（詳しい数字はわからない）

◎顧客満足のために、無償で掃除や家具の組み立てなどを行っている。そのための工具や備品は個人で購入し、経費精算している。
⇩必要工具は会社で揃え、使うときに持ち出すような仕組みにできないか。経費削減は期待できる。

◎粗利率が高いのに業績が良くないとは、どういうことなのか、にわかには信じがたい。

そこからは、資金や数字の面から見た課題のほか、コミュニケーションやリーダーシップについての課題も浮き彫りになりました。

内容については、個人が特定されない形で社長にお伝えしましたが、「私の会社の社員は皆仲が良い」と考えていた社長にとっては大変ショッキングなものでした。

しかし、このような会社には、決して珍しくありません。我々はこれらの現象をよく「氷山の一角」にたとえています。すなわち、海上の氷山という目に見える結果（＝業績）の下には、何倍もの大きさの氷の塊（＝社風、社長や社員の考え、体質）という原因が隠されているのです。アンケートや面談は、これら水面下の原因を掘り起こし、数字の裏付けをするために行います。

逆にいえば、目に見えている数字という結果の部分についてだけいくら対策をしても、原因が根本的に解決されないため、次々と氷山が浮き上がってきてなかなか改善しないという状態に陥ってしまいがちです。

もちろん、原因となっている社風、社長や社員の考え、体質そのものを否定したり、直接改善するように指摘したりすることも可能です。ただし、そのようなことをしても「価値観の違い」「考え方の相違」などと、問題を過小評価されてなかなか改善に繋がりません。

そこで我々は、「数字」という、客観的で否定できない結果を軸に据えて、それを通して間接的に原因に対する対策を打っていく方法をとります。

▼企業研修会の実施

次に実施したことは、我々が診断調査のなかで得られたアンケートや面談の内容、業績の内容等を分析し、それらを社員で共有する「企業研修会」の実施です。

企業研修会では、現状の会社、組織の課題を認識するだけでなく、各個人ごとの性格も分析する「ＨＭ（Human Management）調査」を実施（次ページのグラフ参照）。そこには、

責任性能力調査

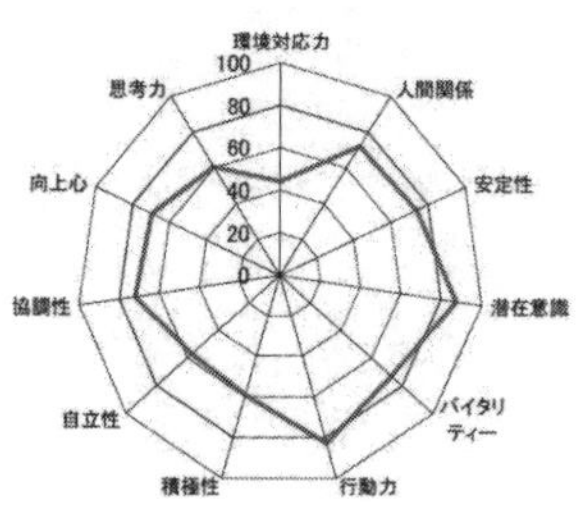

人間性能力調査

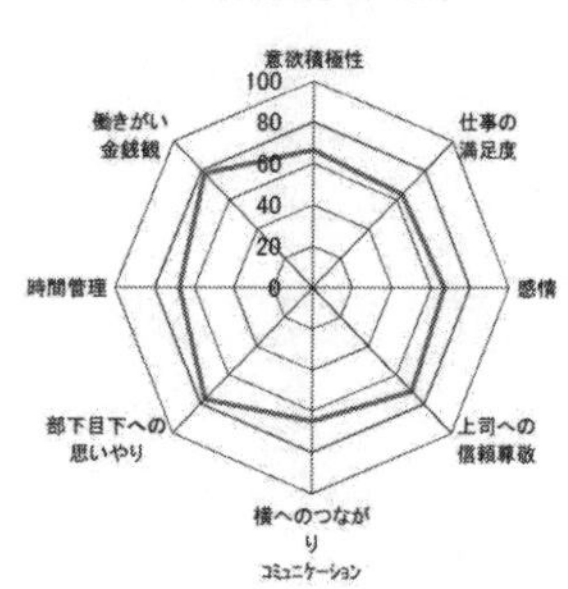

環境対応力	人間関係	安定性	潜在意識	バイタリティー	行動力
44	72	74	88	73	83

積極性	自立性	協調性	向上心	思考力
59	57	72	69	61

意欲積極性	仕事の満足度	感情	上司への信頼尊敬
67	64	67	71

横へのつながりコミュニケーション	部下目下への思いやり	時間管理	働きがい金銭観	19項目の平均値	0数
65	77	68	78	69	0

「責任性能力調査」と「人間性能力調査」があり、それぞれ「数字に基づく冷静さ＝クール」と「物事に取り組む情熱＝ホット」について調査します。これにより、原因は自分の内にもあると各自に認識していただくことが目的です（ＨＭ調査の目的は、得点の高さを目指すのではなく、自分の「クセ」を知ることです）。

そして、いくつかの部門に分かれていただき意見交換し、課題に対する理解を深めていただいたら、課題達成のために自分自身がすべきことを目標設定していただきます。ここでの決意は全員の前で発表し、正面から向き合い改善していく「覚悟」を求めます。

▼資金改善委員会の設置

企業研修会の終了後、アンケートや面談、企業研修会の様子から、資金改善の取組の中心になって動いていただくメンバーを選抜し、「資金改善委員会」を組織しました。

選抜基準はズバリ、「厳しい人」です。なぜなら数字という言い訳できない指標を基に改善活動に取り組むため、「ダメなことはダメ」と伝えることが何よりも大切だからです。

▼まずは倉庫の掃除から

組織と自分自身の課題については企業研修会で認識していただきましたが、それを実体験していただくために、まずは半ば「開かずの扉」となっていた資材倉庫の清掃に取り組みました。

早速、企業研修会の翌週に社長が率先し、社員10名ほどで1日かけて整理整頓を行いました。結果、長年にわたりずさんな管理やあいまいなルールにより、溜まりに溜まった不良在庫はトラック5台分になったのです。もちろんこれらは会社の資金で購入した財産です。現状の会社の体質、社員の考えであることを身をもって体験し、決意を新たにしていただきました。

また、再び在庫が溢れないように、在庫管理責任者を定め、倉庫内での部材の置場所を決定して掲示、定期的な巡回、発注ルールの決定と順守で、「決して後戻りしない」体質化を図りました。結果、在庫圧縮で無駄を省き、「資金を残す」ことに成功しました。

▼お客様のために

①手集金解消

資金改善は、働き方そのものにも及びます。特に、遠方のお客様から月々の使用料をいまだに直接伺って回収していたため、担当者の業務負担が重くなっていました。

そこで、自動引き落としに切り替えていただいたお客様には、クオカードを贈呈するキャンペーンを企画し実行しました。結果、1か月間で集金先件数を3割削減することに成功しました。

また、自動引き落とし先が増えたことで、交通費が削減され、担当者の業務負担が軽減されただけでなく、浮いた時間を新規開拓や既存顧客のフォローに割けるようになりました。

②未収金対策

また、自動引き落としや集金ができず、未回収になっていた売掛金の回収も強化しました。支払期限までに振込がなかったお客様には、翌日までに必ず電話をして督促することを徹底しました。

問題は、「資金がなくて」支払えないお客様への対応でした。特に、暖房用にガスの使

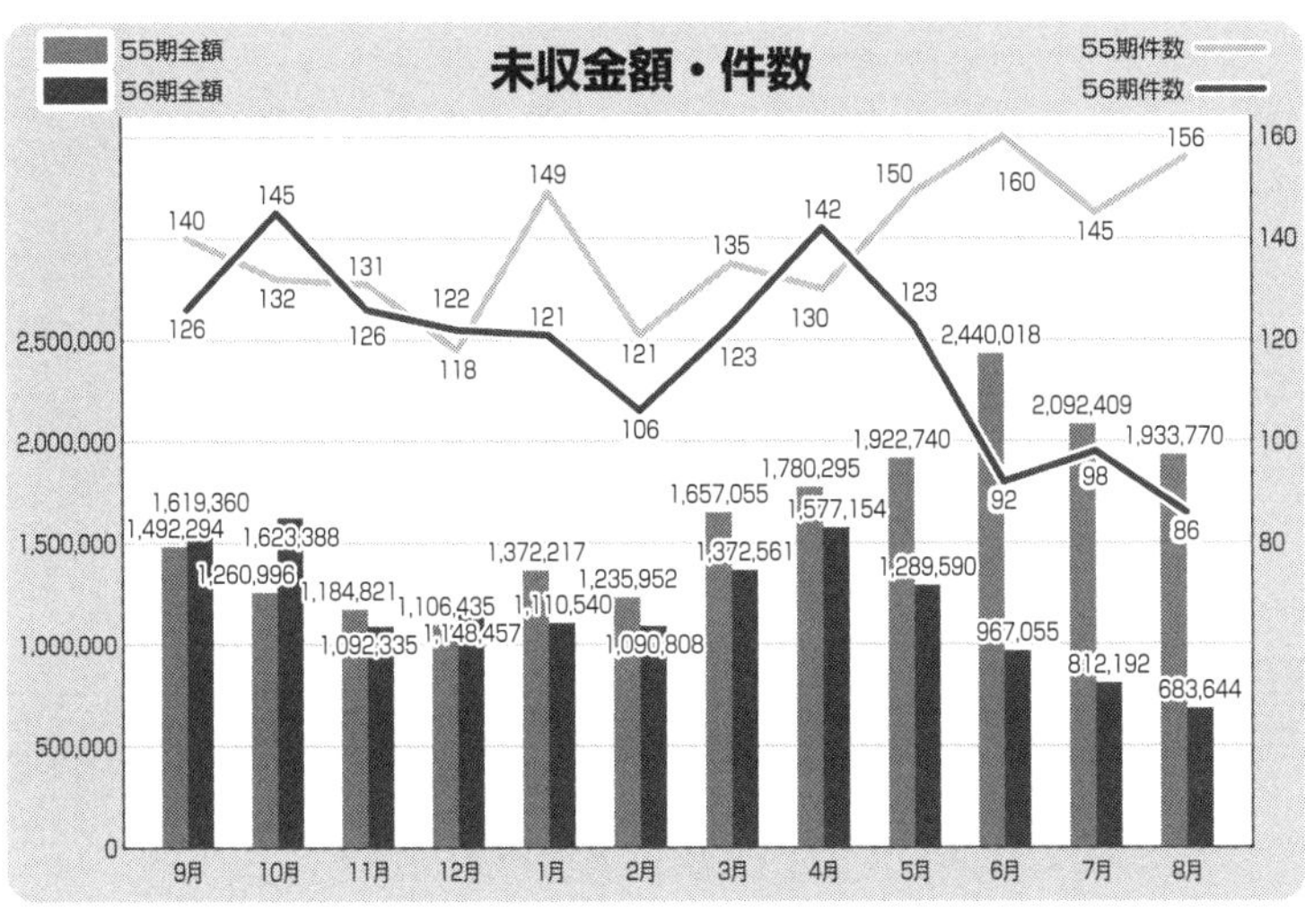

用量が増加する冬から春にかけて、未回収金額・件数とも増加する傾向でした。

そこで、膨らんだ未払の料金を一度に支払うことが困難なお客様には、支払計画書を作成して、年間を通して支払いの負担を平準化する工夫を行いました。結果、未払件数、未回収額とも前年同月に比べて半分以下に抑えることに成功しました（上のグラフを参照）。

③有償化

次に取り掛かったことは、ほとんど無償で実施していたサービスの有償化です。ＬＰガス業界では当たり前なのですが、お客様の求めに応じてガス器具周りの掃除や家具の組み立て、果ては庭にできた蜂の巣の駆除まで、本業以外のさまざまな雑務を無償で行うことが、この会社でも常態化していました。もちろん、これらのサービスには顧客の流出防止という建前があったのですが、この状況に疑問を抱く社員から有償化が提案されたのです。有償化については、お客様からの反発を懸念する声もありましたが、周到に用意して理解が得られるよう工夫することで、実施を決定しました。

メ ニ ュ ー 表

1,000円の作業費

① 温水便座不良
② 当社で修理対応が難しい場合に業者の手配までした場合
③ 換気扇（台所・風呂・トイレ）の修理・調査対応
④ 住宅に関わる部位の調査対応等

1,500円の作業費

① 水漏れ（台所・風呂場・洗面所・洗濯機・外水栓等）
② 浴槽のゴム栓・鎖交換
③ 台所・洗面所の配水管・排水ジャバラ交換
④ シャワーホース交換（洗面所・浴室）

具 体 例

○ 蛇口のコマパッキン交換
○ 吐水管の交換
○ ワンレバー水栓の持ち手の破損
○ 浴室水栓のシャワーホース交換
○ 洗面所のシャワーホース交換

3,000円の作業費

① トイレの修理に関する修理
② 排水管の詰まり対応
→完璧な作業（高圧洗浄等）を有する場合は業者へ対応

具 体 例

○ トイレのボールタップ交換
○ トイレのフロート弁交換
○ その他トイレに関する修理対応

※給水配管・給湯配管等の修理は、現場調査での判断になります

まずは一番依頼の多い水回りの修理の有償化からです。資金改善委員が中心となり、サービス内容と料金を明示するメニュー表や、お客様からの問い合わせ時の対応マニュアルなどを整備し、事前告知を十分行ったうえで実施しました（上の図を参照）。

実施後も毎月15件ほどの依頼がありました。既

存顧客のためということもあり、料金を一般的な料金よりかなり抑えていたため、大きな収益にはなりませんでしたが、今まで持ち出しばかりだったことを考えれば大きな前進です。また、心配していたお客様からのクレームは一切なかったどころか、むしろ提供されるメニューが明確になったことにより、お客様からは感謝され、信頼が以前より厚くなりました。

まさに、無償が当たり前といった「業界・会社の常識」から埋蔵金を発掘した瞬間です。

④成果の見える化

そのほか、さまざまな取り組みを行いましたが、その成果をできるだけ表やグラフで「見える化」し、社内で共有しました。「この取り組みによって年間でいくら資金改善するか」という意識をつねに持ってもらうことにより、あらゆる業務や現象に対して数字の意識を高めることが狙いです。

また、成果を花形の付箋に書き込み、枯れ木に貼り付けることで明示化する「資金のなる木」を掲示しました。みんなの取り組みが毎週報告されることにより、競争意識を高め、他人の良いところをお互いに認め合いやすい土壌を醸成しました。

アンケート

回答（具体的にご記載ください）
大きく変化したのは意識です。 意識が変われば行動が変わる、行動が変われば習慣が変わる…。 それを組織レベルまで上げれば、会社の体質が変わるのだと思います。 まだ体質が完全に変わったとはいえませんが、自分も周囲の方たちも、 改善意識をもって物事に取り組むようになりました。 そしてそれを資金改善という名の下に、多くの人が口にできるように なったことに対し、いい風が吹いたと感じます。

回答（具体的にご記載ください）
会社が成長する中、変化無く業務をしていると効率が悪く、 悪循環になっていると改めて感じます。 この様な機会がなければ、改善策にも気付けていませんでした。 ありがとうございます。

▼改善後

①資金改善

社長が率先して経費削減に取り組んだこともあり、スタートから1年間で経費は1割以上削減、自己資金も1億1136万円増加しましたできました。

②意識改革

また、改善に取り組んでから1年後に、社員の意識がどのように変化したか確認するため、再びアンケートを実施しました（上の図を参照）。

NBCが関与する前と比べて、社員の数字に対する意識が高まっただけでなく、他部門とのコミュニケーションが活発になり、プロジェクト実行を通して培ったリーダーシップ

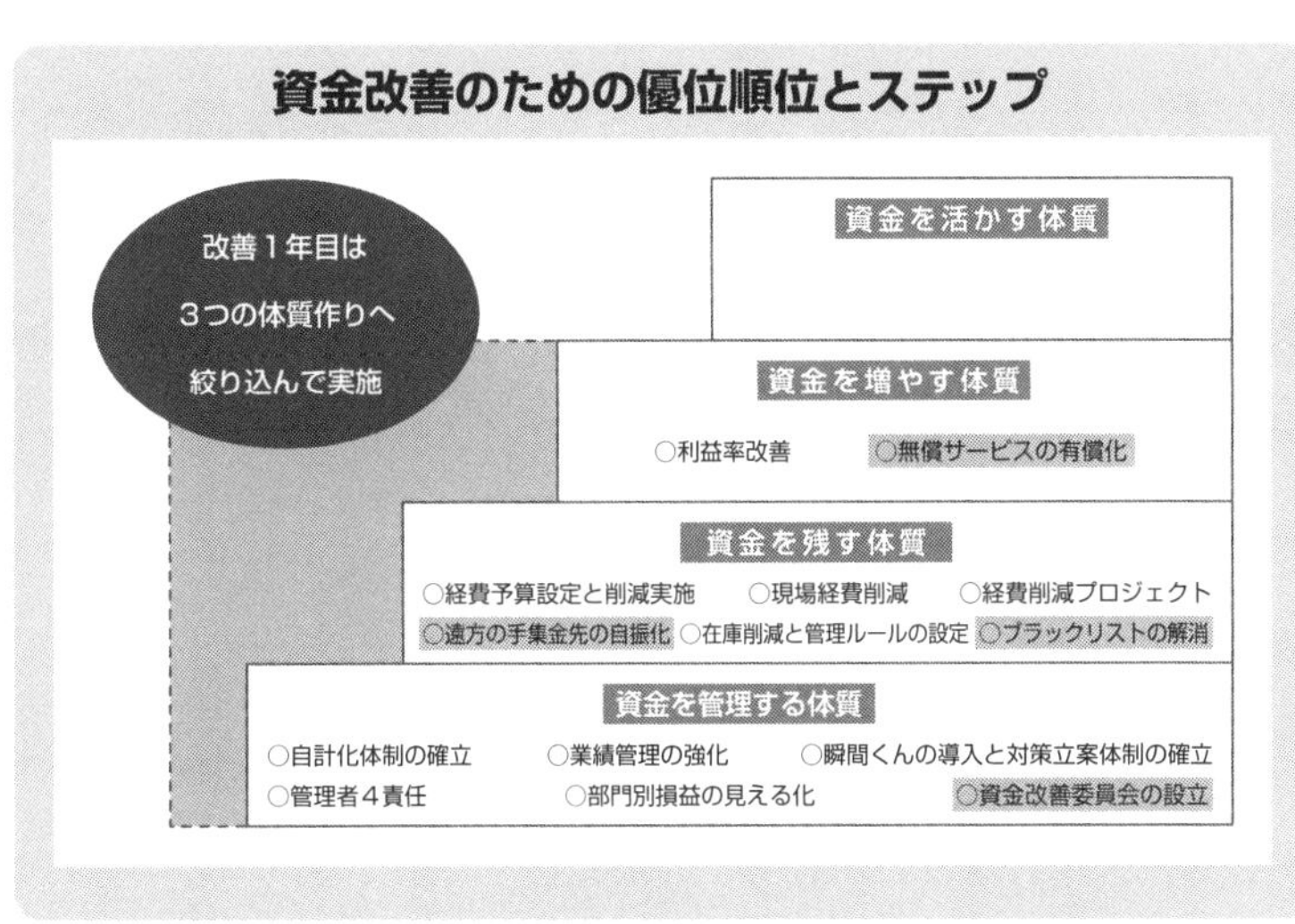

もより発揮されるようになっていることがわかります。

今回のケースでは、社長だけでなく社員を巻き込んで行う資金改善の効果の大きさを改めて認識した事例となりました。

▼方針

資金改善に取り組む際のコツは、「やることを絞り込む」ことです。中小企業は、人も資金も時間も限りがあります。優先順位を明確にし、改善インパクトの大きいものから着手していきます（上の図を参照）。

神谷燃料の場合、「資金を管理する」「資金を残す」「資金を増やす」「資金を活かす」という優先順位となり、改善1年目は、まず「管理する」「残す」「増やす」に集中して取り組むことにしました。

「管理する」とは、目標を定め、実際の数字と突き合わせて現状とあるべき姿を明確にするための「仕組み」や「ルール」をつくることです。たとえば、予算の策定と実績の記録、経理事務改善による必要な数字のスピーディーで正確な把握、管理責任者の決定などです。

「残す」とは資金の流出を抑え、社内に資金が留まるようにする取り組みです。具体的には経費の削減、運転資金（＝支払いと入金のバランス）の適正化などです。

「増やす」とは、今以上に資金を増やす額やスピードを向上させることです。具体的には値上げや原価の低減、利益率の低い取引の中止による全体的な利益率の向上などです。

「活かす」とは、資金を使って会社の将来の成長性を加速させることです。具体的には給与を増やす、能力や技術開発、マーケティングを強化する、固定資産を買い増すなどです。

よく資金改善でうまくいかないパターンとしては、いきなり「活かす」から入って資金が流出した上、想定どおりの収益が上がらず資金ショートに至り倒産することです。ですから我々は、特に社長に対しては「資金を使わない」という自己規制を求め、社員に対し率先垂範していただくようにお願いしています。

おわりに

会社経営の目的は、「倒産させない」ことです。

坂には上り坂、下り坂、「まさかの坂」があります。まさかの坂で、まっさかさまに落ちていくことは現実にあるのです。

そして、「まさかの坂」の先にあるのは倒産です。

倒産には、赤字倒産と黒字倒産があり、実は倒産する会社の約半数は黒字です。

倒産するのは赤字の企業だという思い込みはないでしょうか。

利益が出ていても倒産してしまうことは、現実にかなりの割合であるのです。

※東京商工リサーチ　２０１８年倒産企業の財務内容
（赤字企業の倒産割合　赤字52％、黒字48％）
https://www.tsr-net.co.jp/news/analysis/20190215_02.html

会社は、資金を中心に経営し、資金が残り、増える経営を実践しなければならないのです。

しかし、残念ながら現実には資金を中心に経営している社長はほとんどいません。

損益計算書を重視し、売上と利益を追う経営を続けているのです。
これでは資金は増えません。

資金は、資金を「意識」して経営している人、増やし方のコツを理解している人しか増やすことができません。資金を増やしている金持ち社長の共通点は、「資金の守り方、増やし方」を理解し、実践していることです。この違いが、会社の将来を決めているに過ぎないのですが、そこに気づいている社長は本当に一握りです……。

売上があり、資金が回っているときには、「資金が足りない」という感覚はありません。往々にして資金が不足する最初の兆しは、売上が上がり、回収と支払いのバランスが崩れ、仕入れの決済資金が不足（運転資金のショート）したときです。そして、肝心な営業活動での資金不足が続くと、金融機関からの短期借入金、支払手形の振り出しなどで資金を手当てします。

そのようなことを繰り返しているうちに、借入や支払手形の振り出しがやめられず依存状態となります。資金が不足する原因が、実は利益率が低い取引（事業）であるのに、そのことに気づかない社長は、「資金が不足するのは売上が足りないからだ」と決めつけて、社員に「売上を上げろ」と発破をかけます。

社員は社員で、「安くしないと売れない」と言い訳し、社長は「背に腹は代えられない」と安売りを許す……。当然ながら資金不足は解消せず赤字経営が続き、最後は会社が消える運命が待ち受けています。

会社が消える最大の要因は、実は運転資金の不足なのです。

資金は社長の人柄を映す鏡です。取引先依存、銀行依存、会計事務所依存……。そのような社長には、まだ傷の浅いうちに経営のやり方を抜本的に見直すべきです。

資金を中心に経営をし、資金を増やすことが会社を倒産させないことにつながるのです。

中小企業にも働き方改革の流れが、雪崩れ込んできています。

今までと同じ経営をしていては、利益も資金も残りません。

利益が出ず、資金が増えない会社は、社員を雇用することすらできなくなります。

経営のやり方を、今こそ「資金を増やす」に舵を切らねばならないのです。

野呂泰史（のろ・やすし）
1978年生まれ。北海道札幌市出身。税理士。2018年より札幌観光大使就任。昭和62年創業のNBCグループ（NBCコンサルタンツ㈱、NBC税理士法人、NBC資金を増やすコンサルティング㈱）代表。グループ社員数約150名。会計監査、本社管理部責任者、採用コンサルティング事業責任者などを歴任し、現在はグループ各社・経営全般の舵を取る。二代目として創業者の「税理士・会計事務所は社長の真の参謀でなくてはならない」という思想を受け継ぎ、企業改善に真っ向から向き合うコンサルタントを育成中。また、自らもクライアント企業をめぐり経営の実態把握に余念がない。真摯で丁寧な対応は多くの社長から支持を受けている。

金持ち社長のお金の残し方・増やし方
～売上を下げて、資金を増やす経営～

2020年1月21日　初版発行

著者　野呂泰史
発行者　常塚嘉明
発行所　株式会社 ぱる出版

〒160-0011　東京都新宿区若葉 1-9-16
03(3353)2835 ― 代表　03(3353)2826 ― FAX
03(3353)3679 ― 編集
振替　東京 00100-3-131586
印刷・製本　中央精版印刷（株）

ISBN978-4-8272-1212-9 C0034